国家出版基金项目
NATIONAL PUBLICATION FOUNDATION

市井貨

江南风俗图录

生产商贸卷

珠算声里的商脉初萌

第5卷

Illustrated Chronicles of
Jiangnan Customs

- Vol. 5 -

***Market Bustle
and Trading Flotillas***

仲富兰 著

上海辞书出版社

江南风俗图录·第5卷·市井食货

辞书微信公众号二维码

本书为《江南风俗图录（1840—1949）》分卷之一。整套书随附别册，内容涵盖《江南风俗图录》全书总览及各分卷简介、十卷本内在关联分析与跨学科阐释、与仲富兰民俗学研究脉络的勾连、核心参考文献汇释、仲富兰民俗文化学学术著述系年，另收录总序、后记等文稿。为便于读者共享别册内容，上海辞书出版社公众号设“《江南风俗图录》别册”专题，供各界参阅。

“十四五”国家重点出版物出版规划项目

国家出版基金资助项目

上海文化发展基金会图书出版专项基金资助项目

仲富兰

当代民俗学家。上海人。毕业于复旦大学哲学系。华东师范大学教授、博士生导师，上海市民俗文化学会创始会长及名誉会长，中国民俗文化学科的开拓者和奠基人。1986年至今已出版《中国民俗文化学导论》、《中国民俗学通论》（三卷本）、《上海六千年》（三卷本）、《图说中国近百年社会变迁》（四卷本）、《民俗传播学》、《江南风俗与信仰》、《上海民俗——民俗文化视野下的上海日常生活》、《上海小史》、《节日里的中国》、《图说中国人生礼仪》等50多部著述，部分被译为英、俄、日、韩等国文字在国外出版。承担“十四五”国家重点出版物出版规划项目《江南风俗图录（1840 —1949）》（全十卷）及上海市相关文创研究课题。 2019年起主编《民俗掌故日历》（上海辞书出版社，至今共计7版）。另有大量论文和文章散见于海内外报章期刊。

Zhong Fulan

A contemporary folklorist from Shanghai. He graduated from the Department of Philosophy at Fudan University and is currently a professor and doctoral supervisor at East China Normal University. He is the founding president and honorary president of the Shanghai Society of Folk Culture Studies, and a pioneering and foundational figure in the academic field of Chinese folk culture.

He has published over 50 works since 1986, including *An Introduction to Chinese Folklore*, *General Theory of Chinese Folk Culture* (three volumes), *Six Thousand Years of Shanghai* (three volumes), *Illustrated History of Social Changes in Modern China* (four volumes), *Folklore Communication Studies*, *Jiangnan Customs and Beliefs, Shanghai Folkloristics: Daily Life in Shanghai through the Lens of Folk Culture*, *A Brief History of Shanghai*, *China in Its Festivals*, and *An Illustrated Guide to Chinese Rites of Passage*. Several of these have been translated into English, Russian, Japanese, Korean, and other languages for international publication.

He is leading a major national publishing project under the 14th Five-Year Plan: Illustrated Chronicles of *Jiangnan Customs (1840–1949)* (ten volumes), as well as related cultural and creative research initiatives in Shanghai. Since 2019, he has served as editor-in-chief of *The Almanac of Folk Culture and Anecdotes* (Shanghai Lexicographical Publishing House), which has been released seven editions to date. His numerous papers and articles have appeared in newspapers and joumals both in China and abroad.

光影铭沧桑

图卷展风华

目录

第三章

手工业向着初步工业化转型

089

第四章

服务于商业都会的各色人群

123

第五章

新兴的社会行业和职业

157

第六章

流通消费形态与传统金融业

193

第七章

日常交往与社会空间

229

概述

“市井商贸”，是一个传统的说法。它包含了人们以血缘和自然感情为基础，通过消费、亲情、交往、礼尚往来等进行日常消费生活。在鸦片战争之前的江南，城市已成为社会生活的中心，一般的府、县所在地和工商业城市等虽然规模不同，但大多发展缓慢，变化不大。而当中国进入半殖民地半封建社会以后，由于外国资本的输入和本国民族资本的发展，一批新兴城市兴起，中国的社会性质发生了根本的变化，原有的城市也出现了不同程度的变化和发展。所以，近百年的“市井商贸”其实是涵盖了多方面的丰富内容，在江南地区尤其丰富。

一、江南近代商业社会的形成

都市化，可以说是百年中国近代化运动中最有生气和活力的形态之一，实际可分为两种类型：一类是西方列强利用不平等条约在中国设立租界，开辟商埠而兴起的城市；另一类是由于近代资本主义的发展及铁路的铺设而兴起的城市，它们都因鸦片战争以后外商资本的输入和本国民族资本的发展而迅速形成。

《南京条约》签订以后，上海作为第一批通商口岸之一，迅速出现了完全不同于传统意义上的通商航运潮流，立刻把上海和江南地区率先卷入世界资本主义的流通体系，从而也就确定了它们的发展方向：以近代都市的面貌成为中国近代化的先驱。上海在1843年作为通商口岸开埠，接着英、美、法三国先后划分地皮，设立租界，租界内设立大量的洋行、工厂、银行、仓库、码头，成为在中国攫取经济利益的大本营。同时，修建许多教堂、教会学校以及各种慈善机构，进行文化方面的渗透。

《马关条约》签订以后，中国的社会危机进一步加深，各国变本加厉，在上海大量投资，设立各种工厂。加上洋务运动时期，清政府也在上海创立了一些洋务企业。民族资本家也纷纷在上海设立各种企业，使得上海的工业、商业、对外贸易及文化设施迅速增长起来。李维清编《上海乡土志》说，光绪末年，上海“租界内康庄如砥，车马交驰，房屋多西式，轩敞华丽，有高至六七层者，钟楼矗立，烟突如林，入夜则灯火辉煌，明如白昼。会审公廨、中西邮局、海关、银行、领事馆、电报局、巡捕房、丝厂、船坞、轮船公司皆在焉。”上海如此，其他江南各城市也无不程度不同地发展起来，繁华胜昔。

西方列强在江南土地上恣意妄为，封建统治者孱弱无能，国家蒙辱，人民蒙难，文明蒙尘，遭受了前所未有的劫难。帝国主义通过对华贷款，不但在商品竞争上压倒了中国的民族资本，而且在金融、财政上扼住了中国的咽喉，它们通过各种手段，把经济侵略的触角从中国的通商都市一直伸向穷乡僻壤，并在中国培植产生了为帝国主义服务的买办资产阶级。

近代都市的含义和中国历史上仅具有行政中心或军事重镇意义的都市，内容上有着本质区别，一是人口的高度集中，二是经济活动的大量聚集，而尤以后者为显著。经济活动的繁盛，表现为城市的对外通商贸易及商业手工业集中，然后再加上产业经济的崛起和发展，是其高速度地兴盛起来的主要动力。这一点在上海的兴起过程中体现得尤为鲜明，上海从一个滨江茅屋、芦苇为邻的滨海小县，骤然变作以十里洋场而兴盛的摩登城市，成为全国最大的对外通商贸易口岸，距其开埠仅用了10年左右的时间。

从19世纪50年代后期起，南京、镇江、苏州、杭州等城市均作为通商口岸，连同一批逐步突破封建自然经济框框而纳入新式商品经济轨道的旧式中心城市一起，一个具有商贸和经济中心意义的近代都市群得以形成。

人口的集中，经济活动的聚集，使城市的组织结构日益复杂。城市中除了封建的政治、经济、军事、文化等机构外，各类具有殖民色彩的机构在城市中相继出现，日益增多。以上海为例，它不仅有县衙、江海关署、分巡苏松兵备道、松江府海防同治等封建权力机构，而且设立了万国商团、公董局、高等法院、会审公廨、领事公堂、马路工程善后局、工程总局、商务总会、城厢内外自治公所等机构。此外，教育、文化及社会福利机构在城市中大量出现。复杂多样的各种城市组织，使城市家庭的职能和规模都有所缩小，城市居民依赖于血缘的情感关系也日趋淡薄。居民在生活方式、人际交往、风俗习惯、伦理、语言等方面都表现出与传统社会及农村生活不同的新的特点。新式商贸活动的发达，产业活动的急剧兴起，导致社会商业化的过程首先在近代都市群体中展开，服务于它们的各种行业纷纷兴起、扩大与完备；新兴的社会阶层在不断地产生和发展；与此同时，市民的心态结构、文化素质和价值取向等也在新式商品经济大潮的喧嚣声中发生了重大的变化，从而构成了一个近代商业社会的整体。

这种新式的商业形态在民族工业形成规模以前就产生，并始终保持着某种独立发展的趋势；相应的情况是商业资本活动者在人数构成上大大超过工业资本活动者，且在日益发生变化的社会生活中扮演着主要的角色。

二、服务于商业社会的新兴行业与金融

通商是一种高度社会化的活动，需要频繁的社会互动才能完成，洋行和报关业是最早出现的新兴行业。为了方便货主报税及代办海关查验手续，早期的洋行，基本上都是英商、美商以及法商等欧美势力，他们主要经营进出口商品，并以分支形式逐步向江南内地深入，并为此设立众多的拍卖行、仓栈及各种商店，洋人还创办了外文报纸、医院、银行、轮船公司等，从而成为开放初期外商在华能量最大的经济实体。

洋行的经营方式以代理为主，兼做自营贩运，业务范围相当广泛，其大宗业务为鸦片和纺织品的输入，丝、茶、杂货和金银的输出，甚至从事罪恶的人口贩卖。除了凭借当时制定的片面最惠国待遇和协定关税等攫取高额利润之外，走私、偷税、漏税和其他非法贸易等都是洋行得以快速发达的手段。

洋行以外，华商在日趋扩大的列强对华殖民贸易中也充当专业代销的角色，从中获取远高于投资产业经济的可观利润。由于海关大权操之于外国势力之手，而在国内流通各货的进出转口，又都要经过报关手续，因此又产生了专门代客报关的报关行。在一般客商对与验关员打交道视为畏途的情况下，报关业成为社会互动力量中的特殊成分。

报关行通常按行业和客户籍贯分别组成，除了按代办报关的贷资收取手续费外，又都开设客馆提供报关客户住宿，进而发展为代客办货的“办庄”，甚至兼营进口，牟取厚利；可以说报关业分享着商业尤其是进口贸易的控制权。

典当、银铺、钱庄和票号等是传统的金融机构，在近代都市社会商业化过程中，又有了相当规模的发展和适时应势的扩充改进。传统典当业一般分为“典、当、质、押”四种类型，大体以资本多寡、利率高低、期限长短加以区分。从五口通商到民国建立，是典当业迅速兴盛的黄金时代，且分出许多等级，如根据大小分典铺、当铺、质铺、押店等，有的地方当局用公款开设典当，因此它与政府的关系极为密切。辛亥革命以后，投资典当业者则以军阀、官僚、新兴商家和旧式地主为主。典当业的业务性质属高利贷盘剥，且能在新式银行兴起后仍然得到畸形发展，个中原因既有它受到官府和租界当局的庇护，也反映了以劳动者和破产者为主体的大多数当户更能接受这种传统金融机构形式的心态。

钱庄历史悠久，商铺兼营兑换和存放款是它的最早形式，在传统意义的商业活动中它起到资助商贩，促进物资交流和扩大市场的作用。清末江南的钱庄，在兑换的基础上增加了存款、放款和汇兑业务。清乾隆年间，钱庄已有相当规模。当时的钱庄大多分布于长江流域及江南各大城市，其中心在上海。上海钱庄视资本规模的大小划分为汇划钱庄（参加钱业公会的钱庄）、非汇划钱庄（不能参加钱业公会的元、亨、利、贞字号钱庄）。规模较大的钱庄，除办理兑换、存款、贷款业务外，还可发庄票、银钱票，凭票兑换货币。而小钱庄，则仅从事兑换业务。一些大的钱庄，作为清算机关，还同外国银行保持着密切关系。甲午战争以后，民族资本有了初步发展，华商银行陆续出现，而钱庄在洋商和外国银行的支持下，仍然处于优势地位。直到20世纪30年代国民政府实行“废两改元”和法币政策以后，钱庄的业务才逐渐萎缩，降为本国银行的附庸。

银楼业也叫“金银业”，主要经营黄金、白银饰品。银楼业的规模大小悬殊，大户俗称“金子店”，小户俗称“银匠店”，统称“银楼”。大银楼还兼营同业的金银原料买卖，并印制发行礼券。小银楼则以加工和出售银饰品为主。清末民国的上海，有着远东第一大都会和东方夜巴黎的称号，其繁荣程度冠于亚洲。无数创业家的传奇发生在这里，无数超级富豪产生在这里，旧上海的万种风情和十里洋场的纸醉金迷在此处处可见。

票号是从事汇兑的专业金融机构，一向与清政府关系密切，至

19世纪二三十年代已普及全国。票号又称“汇兑庄”，是清代以经营汇兑业务为主的信用机构，亦称“票庄”“汇号”，顾名思义，即汇兑银票的处所。早期以承担汇兑业务为主，后许多票号又增加了存款服务，有着类似近代银行的功能。道光初年，由山西平遥县财东李大全与掌柜雷履泰将西裕成颜料庄改为票号，正式创立“日昇昌”。日昇昌是中国第一家专营存款、放款、汇兑业务的私人金融机构，以“汇通天”著称于世。因而日昇昌票庄被公认为是中国最早的票号。道光八年（1828），江苏巡抚陶澍在奏折中称各地到苏州置办货物，每年“约可到银数百万两”“各省商贾俱系汇票往来，并无现银运到”，可见当时苏州贸易之盛和票号汇兑业务的规模。太平天国时期，苏州在战火中遭到严重破坏，票号业务重心由苏州移向上海。随着经济的不断发展，票号的经营逐渐南移，业务范围进一步扩大，这一时期票号成为当时中国金融的主要力量，而钱庄的实力则远不及票号，随着票号进入上海，钱庄与票号逐渐融合。

钱庄与票号同属于中国早期的金融组织，最终历经沉浮，难敌坎坷，都没有发展为现代意义上的银行；究其原因和当时的社会背景以及内部经营理念都有关系。国家政权动荡，地方割据，使得异地之间通商兑换艰难是其没落原因之一；而钱庄和票号都是家族化经营，抵押物都是经营者的家族资产，抗风险能力极差，这也是其没落的另外一个原因。

鸦片战争以后，西方列强纷纷在中国设立银行，外国银行几乎垄断了我国国际汇兑业务与国内金融市场，并通过贷款，控制清政府财政金融和中国民间商业实业。为改变这种极为不利的局面，挽救清王朝金融体系，洋务派代表人物都曾为开设中国自己的银行奔走而无果，一直到19世纪末，督办全国铁路事务大臣盛宣怀一再向清廷上书，终于获得光绪帝首肯。因兴办银行的目的是“通商惠工”，于是1897年5月27日，中国第一家民办商业银行被命名为“中国通商银行”。1905年10月28日，第一家官办银行——大清户部银行（后改大清银行，辛亥革命后称中国银行）开始营业，1908年又设立了交通银行。这些银行在各地设立分行，发行纸币。此后，各省地方银行也纷纷成立并经政府特许发行纸币。20世纪20年代前后，是中国银行迅速发展的黄金时代，形成了最有代表性的“南三行”（浙江兴业、浙江实业和上海商业储蓄银行）与“北四行”（盐业、金城、大陆、中南），为全国性的商业银行；南京国民政府成立后，又形成了“四行二局”（中央银行、中国银行、交通银行、中国农民银行及中央信托局、邮政储金汇业局）为主体的金融集权体系。在此格局下出台的“废两改元”和法币政策，曾给近百年来中国货币的统一带来希望。

与银行相比，中国的征信事业起步较晚，命名为中国兴信社的研究机构在1932年始告成立，在其指导下，中国征信所迟至1933年在上海挂牌。此为中国举办征信事业的嚆矢。此后几年是中国征信事业发展的鼎盛时期，中国征信所的会员除华商银行外，不少外商银行和洋行亦纷纷加入。作为现代金融的标志，证券交易始于19世纪70年代，1882年上海平准股票公司成立，当时公开买卖的股票有招商局轮船公司、汉冶萍煤矿公司等。随着国内的有限公司组织逐渐增多，股票流通渐广，遂有以奔走股票交易为专业的股票掮客应时而生。起初，股票交易的洽谈皆假座茶馆进行，称作“茶会”。民国成立后，政府公债、铁路债券等纷纷成为交易内容，简单的“茶会”形式已不能适应。1920年7月1日，证券和物品并营的上海证券物品交易所在上海四川路1号的德士古大楼开始营业；之后，各地方卷起了一股交易所纷纷成立的狂潮，各种证券、金银和外币的买卖日趋兴隆，成为近代社会生活中最富有活力的部分之一，连同各色奖券与彩票的购买一起，使市场竞争意识和冒险投机精神得到传播和弘扬。

此外，华商保险事业广告公司和海外贸易组织活动分别于19世纪40年代和60年代兴起，同样成为推动中国社会生活走向近代化的积极力量。从1875年开始，一直到1911年，仅上海就成立了33家华商保险公司。民国初期，由于第一次世界大战的爆发，欧美列强卷入战争，无暇东顾，加上1919年五四运动后国民对民族工商业的支持与对洋商的抵制，我国的民族保险业迎来了春天。1934年至1936年的3年间，太平保险公司陆续收购了几家华商公司，开始向集团化迈进。1937年1月11日，民国政府修正颁布《保险业法》及《保险业法施行法》，规定同一家保险公司不得兼营损失保险与人身保险。于是，太平保险公司将人寿保险业务独立开来，1938年成立太平人寿保险有限公司。

老百姓生活中须臾难离的是货币。鸦片战争以前，人们在进行大额交易时使用被铸成各种锭形的银块，小额交易则使用铜钱。五口通商后外国银元深入内地，因制作精巧使用方便而深受欢迎。1889年，用进口机器铸造的“光绪元宝”率先在广东问世，开中国“龙洋”之先河，而后各省纷纷仿效铸造银元。清朝末年，铸币权收归中央，面书“壹元”的“大清银币”在南京和湖北两广开铸，流布甚广。民国成立后，俗称“小头”的孙中山纪念币和俗称“大头”的袁世凯像银元相继开铸，流通数额巨大。南京国民政府成立后，又开铸孙中山像银币，俗称“船洋”或“中头”。从此，中国境内的外国银元因成色较次逐渐淘汰，代之以大头、中头和小头的银元广为流通，直到1935年法币政策实行后才退出流通领域。

三、新兴的社会阶层和职业

适应新式商业都市社会的形成，中国社会上出现了许多新的社会阶层，自然也构成了诸多新的职业与行当。观看近百年的社会生活，在社会阶层中，出现了两大类人群，一大类是读书人，或者是盼望科举成名的旧式读书人，或者是出洋留学，吃过洋面包、喝过洋墨水的新式读书人，抑或国内新式学堂培养的新式知识分子；另一大类则是孜孜以求，期望“实业救国”的企业家，推动振兴国货的企业家中多数也是知识分子，他们不光是要在企业制度上给社会提供新的东西，而且在产品和经营的理念上都要提供新的东西。这两大类人群，大致产生于清末民初及之后的几十年。这两大社会阶层的领军人物，都不是古老传统农业社会所具有的人才资源，也不是在农业文明的土壤中自我生长出来的，而是在异质文明的冲击下产生出来的新的社会阶层，主要分布在报业传播、出版业、新式的机器工业、新式银行业以及新式教育等五大门类，实际上代表了近代史上走向现代化的五个基本方面。

新的文化团体和新的工业企业几乎出现在同一时代，其代表人物与清末名噪一时的洋务派“实业之父”盛宣怀及更早的红顶商人胡雪岩完全不一样，他们身后是完全自主独立的民营企业，他们的出现意味着新式企业出现了，也意味着传统的旧式读书人开始向近代知识分子转型。第一代、第二代企业家，无论是否受过良好的教育，都具有知识分子气质，知识分子和企业家虽然是两个不同的阶层，但在中国现代化进程中，这两个阶层在很大程度上是交叉、重合的，或者彼此关系密切。

在古老国度步入近代化的过程中，最先出现的一个新的社会力量，就是产业工人阶级即无产阶级。第一代使用机器生产的近代产业工人，出现于19世纪40年代至50年代，由受雇于各通商口岸外国资本的破产农民和手工业者组成，大多从事船舶修造业，与汹涌的通商潮流直接相关；19世纪60年代起，民族产业经济的兴起，造就了第二代近代产业工人，大多从事机器制造、矿冶开采、纺织食品、交通运输等；到20世纪20年代前后，散布全国各地的华营现代工矿、交通和金融企业已达3 000多家，产业工人人数增至200万人，此外尚有手工业雇佣劳动者和店员约1 200万人，他们肩负着发展民族经济的主要任务，但自身生活却处于极端困苦的境地，劳动时间和强度均达到最高限度，劳动条件的艰苦亦超出常人想象，女工和童工的大量使用更加重了这方面情况的恶化。

与近代工商经济事业发展而同时产生的近代城市职员，就其同样是受雇性质而言，也属于中国工人阶级的一个组成部分，但是从劳动条件、文化水准和收入状况方面判断，他们的层次在产业工人之上。城市职员大多在百货商业、工矿企业、金融业、交通业和其他社会事业中谋生，尤以上海数量最多。他们大多要经过“学徒”阶段，期限通常是3年，但雇主往往借口延长，并使他们在学艺的同时从事许多额外的杂务劳动。在外商资本所办企事业中谋生的职员，也要经过几年名为“练习”的训练，与华商使用学徒相似，“练习生”也得干类似仆人的杂活。比较起来，在外商洋行中从业的职员的收入显得较高，饭碗也较稳定，他们的生活状况常常高于一般城市市民的水准。

中国的买办俗称“中间人”“通事”等，他们的出现早于近代商人和企业主。买办主要为外国资本服务，担负进出口贸易的中介，和洋行发生相互依赖的合作关系。通商造就了中国最早的买办队伍并使之迅速成为一股社会势力。19世纪60年代前后，买办的数量因近代商贸事业的扩大而激增，并朝专业化方向发展，出现较多的商业买办、银行买办、轮船公司买办、保险公司买办、煤矿公司买办等。买办在服务于外商的同时，也从事独立经营，许多买办成为近代民族工商资本发展的先驱。依资本实力和地位档次区别，买办又可分为跑楼、跑街等不同等级。丰裕的收入，使得买办们能享受挥金如土的奢侈生活。

近代工商业主又称“资产阶级”，随着近代工商经济活动的崛起与发展而产生。早期的工商业主主要由买办、官僚和绅士转化而来，到19世纪末已成为一个相当成熟的“官僚买办资产阶级”，他们是许多大型工矿企业的实际主持人。被称为“民族资产阶级”的另一部分工商业主兴起于19世纪70年代前后，主要成员由富商、华侨、买办、绅士、手工业作坊主、中小商人和其他因投资新式工商业而获得成功的人转化过来，其中不乏富有进取精神和经营能力的学徒、职员、留学生等。他们经营的事业十分广泛，在与外商的竞争中更富有民族意识和爱国思想，充当着推进国家近代化的重要力量。

从19世纪末到20世纪初，有了中国近代工业，出现了新的知识分子阶层。近代新知识分子的组成不外三部分：一是原有的封建士大夫中分化出来的新人，二是清末各类新式学堂培养出来的学生，三是从欧美日本各国归来的留学生。洋务运动时期，原先一些封建士绅文人，逐渐会聚到沿海开埠城市。他们受到近代文明的影响，与被称为“西儒”的外国传教士一起译书、办报、开学堂、立书馆，结成了中国最早的一批新式知识分子群体。通过新式的新闻出版媒介，一批近代商业社会中的雇佣者——报人，成为与旧式耕读生活中的士大夫不一样的文人，其名望甚至远远超过了许多功名显赫之士。

20世纪初，“废科举，兴学校，派游学”，造就了一支以学生为主体的新型知识分子队伍，各级各类新式学校毕业的学生和大量留学欧美日本的返国留学生源源不断涌入。据统计，至1949年底，在上海专业从事文化性质职业的知识分子（不包括在经济、社会部门从事文化活动和受过较高教育的人）的人数就达到117 000多人。他们一般摆脱了官、绅、士的身份，投身在上海的商业社会中，成为各种各样新型职业的雇佣者，如教师、律师、医师、工程师、编辑、记者、翻译、导演、作家、编剧、教练等，由于知识阶层较容易接受新事物、新文化，社会活动也较多，文人结社、集会、演讲都很普遍。新的知识分子队伍的成长，成为近百年社会生活演变的重要因素，为资产阶级革命乃至新民主主义革命准备了一定的条件。

四、走向文明进步的近代社会管理机构和机制

社会内容构成的变化，促进传统的社会管理机制也开始发生相应的改变。从地域角度看，这种改变首先出现于沿海地区，然后逐步向内地延展，并以城市为中心向广大农村扩散影响。

新式社会管理机制的组建，发端于上海等通商口岸城市，其直接原因是租界的影响。西方列强在上海设立租界，将西方近代城市的一整套管理措施移植过来，使租界的市政管理专门化和法治化，对居民的居住、交通、饮食、娱乐和卫生等日常生活行为作出了一系列具体的规定，行之数年后，与原有城区的传统风貌形成了文明与落后、开放与封闭、洁净与肮脏的强烈反差。不甘蒙受落后之辱的中国士绅和地方官员在此刺激下，率先发起了向租界看齐的新型市政建设运动，包括浚浦、修路、制造安装电灯和自来水设施等。这种活动在19世纪后期又发展为地方自治运动，具有近代社会管理机构意义的南市马路工程局（后易名上海马路工程善后局）于1895年正式成立。以后，为清廷所支持的这类仅限于市政建设的地方自治运动也在其他一些城市中推行。

辛亥革命以后，近代市政机构的组建步伐加快。南京国民政府成立以后，依照有关法规，适应近代社会商业化过程需要的新型的社会管理机构，基本上在各大中城市和重要城镇趋向完备。新型社会管理机构和机制的完善，主要体现为各个专门职能机构的建立，如依照南京国民政府于1930年5月颁布的《市组织法》，市政府设有社会局、公安局、财政局、工务局、教育局、卫生局、土地局和公用局，分别管理人事户口、救灾济贫、消防治安、市政建设、河道港务、社会教育、行政教育以及土地测量登记、公用事业等各方面的事务。其中路政、火政、工务、警务、卫生、公益等方面的建设，尤为当局所重视，大都有较为显著的成果。值得强调的是，随着这种机构和机制的渐趋完备，民众的心态、习俗和行为也在潜移默化中改变，包括遵章守纪观念、公共卫生观念、市民义务观念等在内的近代市民意识逐步养成，诸如行道靠边、车辆右驶、不得随地便溺或倾倒垃圾等一系列

具体规定已在很大程度上规范着大多数人的日常行为。当然，由于经济状况和文化教养背景上的差异，积习难改的也大有人在。

分布在近代中国各个通商口岸的租界，是镶嵌在东方世界的一块块西方世界的“缩微版”，但华洋杂居又是普遍的现象，所以近代以来的中国社会管理机构，还掺杂有外国人设立的管理机构如“公董局”“工部局”等。上海公共租界的工部局就是一个典型。它是由外国人主持的一种租界的行政机关，隶属于“外人纳税会”下的董事会。董事会设有负责各项事业的委员会，如警备委员会、工务委员会、财政委员会、卫生委员会、公用委员会、税务委员会、学务委员会等。董事会下设一总裁，主持日常事务，其办事机构称“总办间”，设有商团、警务处、火政处、卫生处、工务处、学务处、财务处、图书馆、音乐队、情报处、华文处等。其中最受重视的是警务处和商团，其下有14个巡捕房，近2 000名各种国籍的巡捕执行着警察的职能；工部局还有自己的临时兵营和监狱，俨然是“国中之国”的做派。租界虽是列强侵华的产物，但它在促进中国市政近代化方面所起的作用，也是不可忽视的。

五、日常生活以及相关的市井空间

上海开埠后，经过二三十年的发展，以租界区域为中心，不断向外延展，形成了一个个华洋杂处、五方会聚、商行林立、洋货毕集、商业繁盛、新事迭出的新型社区。新人、新事、新物、新生活、新环境，使人们的生活发生了前所未有的变化，产生了新的知识需求，西方文化元素也大量涌入，由此引起人们知识世界的变化。这些新的社会因素不能不对市井文化的改变产生很大作用。

人既是个体的，又分属不同的人群，从而形成复杂的社会关系和生活空间。如上海在20世纪八九十年代曾有“上只角”和“下只角”的说法，这种在同一城市中所产生的“地域歧视”，在其他城市从没有出现过。其实，两者并没有那么明显的地区差别，只不过是不同区域的经济与文化，造成观念、教育、价值取向、职业选择的差异，也就成了“上只角”与“下只角”的区别。

举凡城市的街头弄口、街道广场、茶楼酒馆、咖啡馆舍、书场戏院、公园长椅、商社购物、棋牌体育……上海老弄堂里的故事，留下了时代缩影、历史记忆而让人难以忘怀。在开埠之前，城隍庙作为民众地标性游乐场所，就以其独特魅力深深扎根于城市之中。一年里，这里盛事不断，各类庙会、庆典接连上演，深刻影响着城市的市井生活。如农历初一、十五进香，已经成为上海人的一项习俗，初一进香的最高潮当数农历的正月初一零点，俗称“烧头香”。

当然，在所有有关城隍祭祀的活动中，当数“三巡会”最为隆重，也最吸引人。农历三月清明节前一日，由县移牒城隍神，于清明日到厉台，赈济各义冢及幽孤，名为祭坛会，因为七月十五日和十月初一日，也要同样举行的缘故，所以俗名也叫“三巡会”。城隍出巡的仪式更是震撼人心。装扮威严的城隍神像在众人簇拥下缓缓出行，巡游队伍浩浩荡荡，鼓乐喧天。沿途百姓纷纷焚香叩拜，祈求平安。这种盛大的仪式强化了民众对城隍的信仰，也增强了社区的凝聚力。在活动的筹备与参与过程中，人们分工明确，有钱出钱，有力出力，进一步拉近了彼此间的距离，形成了紧密的社区联系。

城隍信仰与相关习俗在这些盛事中代代相传，成为城市文化不可或缺的一部分，塑造了市民的价值观与行为准则，构建起独特的市井文化体系。历经岁月变迁，城隍庙始终是这座城市的精神纽带，承载着无数人的回忆与情感，持续见证并影响着城市的发展与变迁。

伴随着历史发展进程，市井在空间概念外演化出一层具有生活化、自然化、地域文化特征浓烈的文化概念。市井文化与“烟火气”的产生息息相关，“烟火气”的浓淡可以被理解为市井文化浓度的高低。市场作为人们生活必需品的交易场所，是日常生活的横截面，市场互动中所使用的语言与商品本身体现着地方文化特征，承载着人们生活记忆的传达空间，是市井文化的重要部分。

第一章

传统农业生产与民生

江南地处长江中下游，凭借水系发达，土地肥沃的优势，孕育出独特的饮食与产业文化。“饭稻羹鱼”是江南主体饮食结构，与之相应的，是“火耕水耨”式稻作农业和水产品采捕业。火耕水耨适宜濒海傍湖的水泽之地和冲积扇状的河谷盆地，郑玄注解的农作流程，从春到次年春，步骤详尽，极大推动了稻作生产方式的改革，创造了具有显著地方特色的生态技术体系、生态景观和民俗文化。

江南民众培育了数量众多的优质水稻品种，据有关农学专家的研究，根据方志等资料的统计，宋元时期太湖地区6部方志水稻品种的统计，除去重复的，实有品种82个，其中粳（籼）稻种就有64个，据明《稻品》：水稻品种为35个，其中松江稻业尤成为精耕细作的典范。塘浦圩田、溇港圩田等水利工程，保障了稻作农业的可持续发展。此外，江南先民创造的稻作文化渗透到生活的方方面面，从食俗到服饰，从民居到出行，无所不在。

太湖周边的低洼湿地生态系统，是江南先民顺应自然、治水兴农的智慧结晶。太湖如同巨大的天然蓄水池，能在洪水期容纳大量洪水，削减洪峰流量，降低洪水对周边地区的威胁。它孕育了丰富的鱼类资源和保障了生产生活的水源。渔业在当地经济和居民饮食结构中占据重要地位。民众修筑水利工程排涝灌溉，将洼地挖成鱼塘，形成“塘基上种桑、桑叶喂蚕、蚕沙养鱼、鱼粪肥塘、塘泥壅桑”的生态循环系统，造就了丝绸之府、鱼米之乡。

海洋对江南发展同样影响深远。唐柳永《煮海歌》揭示盐民的苦难。如上海浦东曾是宋代华亭县东南滨海地带的盐坊之一，有下属浦东、金山、遮山、柘湖、横浦5个分坊。人们引咸潮煮盐，市集逐渐繁盛。后盐田消失，盐民后裔在此繁衍，借助江南丰富的物产和水乡风情，发展成鱼米之乡。

宋代江南水网密布、鱼类丰富，为家禽养殖业提供了良好条件。《吴兴志》记载水乡家禽养殖盛景。家鸡、家鸭等多由野生飞禽驯化而来，在江南饲养历史悠久。家禽不仅提供肉、蛋，其羽毛和粪便也有重要经济价值。

▲ 20 世纪 20 年代，上海周边乡下农妇在深翻土地耕种庄稼

老瓦盆边拍手歌
——稻作生计

明清以来形成的江南士大夫文化，特别注重文采，注重书卷气，生活细腻精致，有一种日常生活审美化趋势。江南地区称为“鱼米之乡”，代表着繁荣发达的文化教育和美丽富庶的水乡景象。美国著名社会学家米尔斯认为，传统的本义是指某种“世代相传的东西，即任何从过去延传至今或相传至今的东西”。“几乎任何实质性内容都能够成为传统。人类所成就的所有精神范型，所有的信仰或思维范型，所有已形成的社会关系范型，所有的技术惯例，以及所有的物质制品或自然物质，在延传的过程中，都可以成为延传对象，成为传统”。

与中国各地有着相似的经历，江浙一带农村也是在农耕经济基础上形成的乡土社会，乡土社会的基本单位是村落，聚村而居的农民则是乡土社会的基本成员。土地是农民的“命根子”，以土地为生的农民，稻作文化在漫长岁月里，从生产技术、耕作方法、饮食结构、语言文学、人生礼仪、宗教信仰、风俗习惯、思想观念再到民族性格等方面形成了浓郁的稻作文化，深深植根于华夏的土壤之中。农耕时代影响了世世代代的人们，对社会经济有很大的影响，在炎黄子孙的日常生活中延续传承。他们日常生活中占主导地位的则是家族势力和传统礼俗。

▲ 民国初年，一位戴着草帽赶着水牛在田里耕作的江南农民

▲ 20 世纪 30 年代杭州农民在耙稻田

生活在江浙一带的先民，在新石器时代，伴随着渔猎经济向农业经济的过渡，经历了人类畜牧业和农业的第一次大分工，远古的祖先逐渐以氏族部落的形式聚居在自己的土地上，村落共同体几乎构成了先民们全部的生存空间。这是因为农业具有天生的稳定性，农业的主要生产资料——土地是固定不动的，因此，按照黑格尔说法，“农业在事实上是一种流浪生活的终止”。他们开始大量种植禾本科作物，自此以后，定居型农业日渐成熟，这是中国传统文明即农业文明的起点与基点。定居型农业自给自足的封闭性质，加之在新石器时代晚期，一夫一妻的稳定性家庭逐渐成为婚姻形态的主要方式，并形成了男耕女织的性别分工格局，这在繁荣农业、稳固小农经济的同时，也为中国古代社会结构的确立打下了最坚实的基础。

正是这种相对早熟的农业文明，成为封建社会专制主义的经济基础。分散的个体农民经济很难抵御自然和社会环境的侵害，生活缺乏保障，自身处于风雨飘摇的境地，因此，希望有一种强大的外在于乡村社会的力量，来帮助自己克服自然的风险和社会环境的侵害。基于分散的小农经济势单力薄，他们对于皇权的存在，抱着既爱又怕的矛盾心理，但皇权与小农利益的根本对立使小农对皇权怀有一种天然的疏离感。

明孝宗弘治年间任吴县知县的邝璠，因重视农业生产、关心民众疾苦，曾搜集许多农业生产技术知识、食品加工生产技术、简单医疗护理方法以及农家用具制造修理技艺等，写成了《便民图纂》一书。为了做到便民，他将宋代楼璹的《耕织图》配入"吴歌"，使吴人便于记忆运用。全篇《竹枝词》也被称为"田家乐竹枝词"，明白如话，活像农人们茶余饭后齐聚在一起闲话种水稻的全过程。从浸种、耕田、耖田、播种、下壅、插莳、扬田、耘田、车戽、收割、打稻、牵砻、舂碓、上仓、田家乐的全部过程，体现了农人们四时的忙碌，

▲ 1918 年，杭州运河中的 4 头大水牛，水牛是江南农民耕作的好帮手

更体现了农人们对生活积极向上的热情，以及他们的勤劳智慧。末首《田家乐》云：“今岁收成分外多，更当官府没差科。大家吃得醺醺醉，老瓦盆边拍手歌。”这首竹枝词是总写田家乐的。如果大丰收，也就没有官府的人前来催收官粮和逼债，日子也就比较安宁，就可以摆出酒肉庆祝一番，大家喝得醉醺醺的，一边敲打着瓦盆，一边拍手唱歌，表示出农家特有的喜乐。

▲ 20 世纪 40 年代，南京城墙下的农夫耕作

田家一雨插秧时

——插秧栽种

千百年来，自然经济条件下的农民的生活状态是：高度依附土地，自耕自食，自织自穿，日出而作，日落而息，靠天吃饭，不违农时，不离乡土，安身立命。彼此熟悉的乡里乡亲，被费孝通教授称为“熟人社会”。“脸朝黄土背朝天”，就是指农民在地里干农活的时候，低着头、弯着腰，脸朝着黄土，后背朝着天。形容农民耕作的辛勤苦楚。唐代诗人白居易《观刈麦》诗中有“田家少闲月，五月人倍忙”的名句，意思是农家很少有空闲的月份，五月到来人们更加繁忙。初春田野里的空气异常温柔，但田里的水仍透着丝丝的寒凉，还比较冰骨，足以沁透脚底板神经。插秧时节，几乎所有农户家庭的青壮年都会站成一排，手里拿着秧苗，开始分秧插秧。

插秧是个技术活，不仅要求分枝均匀、间距相当，而且横里竖里都要对直，连两只倒退着的脚踏在秧行中央也要不偏不离。只见农妇顺手抓起秧苗，很快解开扎秧苗的稻草，水声哗哗地作响，手指撩起的水花从来不会间断，不仅速度快得让人眼花缭乱，而且秧苗的株距、行距排列十分均匀齐整。

插秧也是个辛苦活，看着有点诗意，其实很辛苦。要做到手、脚、眼配合绝对协调。你看那些插秧的人，就这么“面朝黄土背朝天”地弯着腰倒退着，随着他们身体的后移，原来空荡荡的水田里就出现了一片绿茵，预示着秋后沉甸甸的收成，你说那细细的腰怎会不疼呢？农耕文明与游牧文明最大区别就在于，一个是安土重迁的固定生活状态，一个是逐水草而居的动态生活状态。每逢插秧季节，农户全家男女老少齐上阵，田里几乎站满了人，干劲十足。那情景完全是南宋诗人杨万里《插秧歌》所吟咏的：“田夫抛秧田妇接，小儿拔秧大儿插。笠是兜鍪蓑是甲，雨从头上湿到胛。唤渠朝餐歇半霎，低头折腰只不答。秧根未牢莳未匝，照管鹅儿与雏鸭。”杨万里不愧是一代诗宗，他用如此通俗的诗句，生动地描绘了江南农户全家总动员插秧的情景：田夫、田妇、小儿、大儿各有分工，抛秧、接秧、拔秧、插秧，紧张忙碌而秩序井然，四月万物长，日光照射时，写出了江南农人在水田里插秧的辛劳与乐趣，也告诉人们插秧中蕴含的人生哲理。

▲ 清末江南农妇在稻田里插秧

▲ 20 世纪 30 年代上海郊区在稻田里插秧的农妇

南宋另一位诗人韩淲也写有《芒种》诗四首，与杨万里的插秧诗颇有异曲同工之妙，《芒种·其一》诗云：“田家一雨插秧时，成把担禾水拍泥。分段排行到畦岸，背蓬浑不管归迟。”到明代担任吴县（今苏州市吴中、相城二区）知县的邝璠也有

▲ 1930 年，江南农村在农忙季节赶着插秧的情景

《插莳竹枝词》云："芒种才交插莳完，何须劳动劝农官。今年觉似常年早，落得全家尽喜欢。"这首竹枝词是描写插秧的情景，插秧俗称"莳田"，一般在芒种前后进行，这不需要官员来劝催，农民会自觉进行。总而言之，插秧宜早不宜迟，这样就不会耽误农时季节，把秧插好了，全家人都会高兴的。

从秧苗生发，抽穗灌浆，再到收获稻谷，轧成大米。真可谓"春种一粒粟，秋收万颗子"。一分耕耘，一分收获。劳动是艰辛的，农人的日子却又是悲惨的，唐代诗人李绅把农人的勤苦写到了极致，那首《悯农》家喻户晓，妇孺皆知："锄禾日当午，汗滴禾下土。谁知盘中餐，粒粒皆辛苦。"恰如明代冯梦龙有诗云："富贵本无根，尽从勤里得。"告诉人们所有的富贵荣华，无不是从艰苦的劳动中创造

▲ 民国初年，苏州农夫在稻田里插秧的情景

▲ 民国时期，江南地区农民抓紧时机整理秧苗

出来的。因为劳动者创造着，丰富着，精彩着，点缀了生命的天空，也点亮了人生的路途，更富足了人们心灵的殿堂。

翻耕须是力勤劳

——农人耕耘

晚清保守派官员曾廉曾十分形象地将传统农民与土地的紧密联系比喻为：“天下犹一身也，土地犹骨肉也，货财犹精血也。”美籍华人学者许烺光曾写道：“几个世纪以来，中国人一直处于人口过剩、耕地奇缺、农业艰难之中，不计其数的中国人营养不良，甚至饿死。但是这些事实不仅不能激发出开拓甚或商业上的进取精神，反而诱使那些居住在乡村的人们更加强烈地依恋于他们土生土长的地方。”

当时代的指针指向近代，由于人口的快速增长，以及官田制度衰落，土地兼并加剧等原因，强化了农民留恋土地的心理。在这种情况下，购买一份属于自己的土地并细细耕耘，几乎成了乡民农人最高的人生理想，对农民来说，土地是“命根子”，是生存权益最集中的体现。因此，对于以耕种为生的农民来说，居住地常常是世世代代固定不变的。土地的重要性不仅使农民形成了浓厚的重本轻末的土地依赖意识，还造成了他们安土重迁的行为特征。他们不愿轻易地改变自己的生活习惯和居住地，因为那里不仅有他们的社会关系，有他们熟悉的山水，更重要的是有他们赖以生存的依托——土地。

19世纪后期，江浙一带的农村粮食收成逐年下降。农村土地边际报酬递减的效应已显露无遗。人多地少的矛盾迫使农民采用过密式经营，他们投入过多的劳动力于土地之上，发展到一定阶段，便会造成无论投入的劳动力有多大，土地的产出并不增加甚至反而会有所下降。在上千年的发展中，耕作方式一成不变，效率低产量小的传统农业受到了外来农业的冲击，以精耕细作见长的江南农业便面临着这一问题，以至于农民不能通过粮食生产来提高或维持固有的收入，为此他们只能采用以副养农的策略。太平天国起义之后，随着生产的恢复和国际市场的打开，这一地区的副业（种桑养蚕和缫丝业、种棉和棉纺业等）盛极一时，但农民的收入却未有相应的提高。即使在当时丝业出口极端繁荣之时，湖州的一般农民也只能以丝价年年皆好，衣食不缺，为莫大幸运。大部分家庭喟叹副产品“虽善价而沽，犹虞不足”。

▲ 晚清时期在田里耕耘的爷孙俩

▲ 1910 年，上海周边农郊水稻田里，一位农夫扶着木犁耕地

农民生活没有改善，江南农村还存在着4个月的农闲期，费孝通在《江村经济——中国农民的生活》一书中曾阐明了这个严峻的现实。在一年的两个农闲期里，赋闲在家的农民，因没有任何收入，便只能徒增家中的负担。于是不少人开始在农闲时外出谋生，“江北之地，……耕获所得，断不能敷入口一岁之食，故每岁秋收之后，将其所有留老

▲ 1926 年，上海周边乡村一位老者挑桶给庄稼地施肥

弱以守之，以待来春播种之需，壮者则散之四方以求食，春间方归，以事西畴，谓之逃荒”。比如“江北妇人，最习勤劳。每当十月以后，农事既毕，即渡江来为大户佣工”。

然而，走向城市的农民，大抵是不会抛弃农村土地的，在农忙时他们大都回乡务农。19世纪上海工业的发展很不稳定，工厂时时陷入倒闭或暂时停工的境地，让生活于底层的农民，常常徘徊于失业的边缘，这坚定了他们在农忙时返回农村的信念。

江浙农人的耕耘，是他们的本色和传统。明代担任过吴县知县的邝璠也有《耕田竹枝词》云：“翻耕须是力勤劳，才听鸡啼便出郊。耙得了时还要耖，工程限定在明朝。”耕种田地是走不了捷径的，也是农务中最辛苦、最费力的劳动。每当拂晓公鸡刚刚啼鸣时，他们就下地干活，开始翻耕农田。田耕好了还要耙田、耖田，细细耕耘，以求不会耽误后面的农务。然而保守的生产方式，让许多农民墨守成规，从而陷入了一代更比一代贫困的窘境。同是明代的张翀撰《农夫耕田》，这篇很有哲理的短文记载的是，有个农民在田里耕种，他喘几口气以后才挥一下锄头。有个过路人看见了讥笑他，说：“你这个农夫真是太懒了，你喘几口气才挥一下锄头，这样要耕到何年何月？”农夫就谦虚地向此人请教，让他示范。只见过路人脱下衣服走到田里，喘一口气连挥几下锄头，每锄一下都用尽全身的力气。没有多长时间，他就精疲力尽，汗如雨下，一头扑倒在田里。他对农夫说：“到如今我才知道耕地的不易”，心服也口服地离开了。

▲ 20 世纪 30 年代，苏州农村的农夫正在赶着水牛犁田，山脚下风景如画

▲ 20 世纪 30 年代，苏州农村山脚下的稻田，一派美丽的田园风光

翻翻联联衔尾鸦

——水车灌溉

清人张羲年《姚江竹枝词》：“春深争采雨前茶，立夏称人杂笑哗。蚕事既登田事起，年年小满动三车。”诗中所说的“三车”是指

纺车、水车、油车。民间还有“小满动三车”的民谚，是江南一带对小满农事的形象总结。农耕时代，农民们此时忙着踏水车灌溉庄稼。

20世纪初，一位德国人来上海考察与旅游，后来出版了一本书《远东：1905至1906》（The Far East：1905—1906），吴健熙有过摘译本，取名《沪郊漫游录》。这位德国人写道：“位于上海周边的所有农村都横贯着无数条小道和穿越众多桥梁的河流。这些被分割开来的农田两边围着一道竹篱笆，另一边与一汪池塘相连，池塘又为枝繁叶茂的树丛所围，这常使人想起孤立于德国北部荒野里的田地。因附近没有泉源，生活用水便仰仗于池塘，至于稻田灌溉也用水车抽塘里的水。池水一方面为土地主人的五谷丰登带来了显而易见的便利，另一方面让田地北接水源，对中国人来说似乎是件颇具诱惑的事情，这是种迷信或古老的习俗。农田的第四条边与住房接壤，如果房前没有围着竹篱笆的菜园，则通常是块空地。”这位德国人所见的就是江南农民最常用的农田灌溉的水车。

“水车”是一个名词，意为抽水的农具，但倘若将这两个字反过来，“车水”也是成立的，那就变成动词了，那是汲水灌溉的农活。在没有电力的时代，水车广泛应用于江南农村，成为农民从事农田劳作的重要工具。它是一种能从江河湖塘等水源中不断持续汲水的农业器械，既能为高地取水，又能给低田排水，在农业生产中发挥了很大的作用。

▲ 19 世纪 50 年代，西方人眼中中国江南农民踩水车的场景

相传汉灵帝时毕岚造出“水车”的雏形，经三国时蜀国诸葛亮主政时启用匠人马钧改造完善，在蜀国推广使用，隋唐时广泛用于农业灌溉，至今已有1 800多年历史。北宋大文豪苏轼《无锡道中赋水车》的诗吟道：“翻翻联联衔尾鸦，荦荦确确蜕骨蛇”，把水车描绘得惟妙惟肖。意思是，开转滚动的水车，一节节车斗好像联翩翻飞的衔尾乌鸦，及至停下来，

犹如脱皮露骨的龙蛇。“衔尾鸦”“蜕骨蛇”两个新鲜比喻，和准确精当的叠字，惟妙惟肖地描绘出水车由飞转到静止的不同形态。

水车的主要部件包括轮轴、桨叶、轮毂、轮辐等，其工作原理是利用水力推动桨叶转动，进而带动轮轴旋转，达到抽水、挽绞、磨面等工作，轮辐一般为木质结构，轮轴和轮毂则是由铁质或者其他金属材料制成。一般的水车多是木轮式，直径10米至20米，提水高度15米至18米，有轮轴、辐条、刮板、水斗，空架上有木槽，由水流或脚踏推动刮板，驱使水车徐徐转动，水斗舀满水升到顶端倒入水槽流入水田。江南水车大致有两种形态、两种形制：脚踏的，手摇的。其主要部件由矩形水槽和前后端大小不一的两个轮轴组成，水槽长约五六米，像一根巨大而修长的龙骨，里面放置着许多与水槽大致等宽的长方形刮水板，通过木链一节一节首尾串联，成环带状。将带小轮轴的水车前端放进水里，斜靠岸边，带大轮轴的后端固定于堤岸的木架上，使用时两三人扶立于木架上，用力连连踩踏大轮轴上间隔设置的小木墩，驱动木链移动——水槽里上面的一排刮水板便朝水面前赴后继而去，“扑通扑通”在水面上砸出浪花和波纹；下面的一排刮水板带着水源源不断提上来，落入沟渠或稻田，水声哗哗，白沫翻滚。如此循环往复，集聚成流。

▲ 1902 年上海郊区的灌溉水车

▲ 1908 年杭州水牛拉动的龙骨水车

老百姓又称水车叫“龙骨车”，一种刮板式、木制的连续提水工具，构成中国农耕文化的重要组成部分。旧时晚稻插秧之际，必须保

▲ 1915 年，南京郊外三人一起踩踏水车汲水为农田灌溉

证稻田里有足够的水；盛夏季节，水蒸发得快，特别需要用水车车水来灌溉。根据车体的大小与提水的高差，有不同型号的水车，如两人踏、三人踏、四人踏、五人踏，踩踏足蹬，宋代诗人陈与义《水车》云：“江边终日水车鸣，我自平生爱此声。风月一时都属客，杖藜聊复寄诗情。”

▲ 20 世纪 40 年代，上海郊区三名农妇一起站在横杆上踩水车汲水

水车的出现解决了低洼农田排涝和丘陵山地升水灌溉的问题，为农业全面丰收和经济发展提供了重要的技术保障。但是，农人车水虽然在诗人笔下得到了美化，却毕竟是十分劳累的农活，随着时代更迭，特别是机械抽水机的普及，水车开始退出人们的视野，农民从这种繁重的劳动中解放了出来。但尽管如此，水车的这段历史象征着传统农耕文化与现代科技的交融与碰撞，形成了一种独特的农耕情怀。水车依然让经历过的老人们感到亲切，刻骨铭心。

打落将来风里扬

——社场打谷

处于自然经济条件下自给自足时代的江南农村，农舍与住宅，一般要符合生活、生产两相宜的要求，大都靠近河浜。除了特别穷的佃农贫户，日子还过得去的农人的农舍，屋前大抵会有一片青砖墁地的晒场，以供摊晒稻谷豆麦等。这晒场也有称为“稻场”“田场”“打谷场”的，在上海郊区许多地方则称为“社场”，当然，不仅仅限于水稻，小麦、黄豆等农作物，也可在此脱粒。因此，在中国很多农

▲ 清末杭州正在打谷场劳作的农民

▲ 20 世纪 30 年代，在稻米作坊筛米作业的年轻人

村，都有这样一块空地，作为打谷场。对于乡村来讲，打谷场是一年集体劳作最热闹的地方。从庄稼进场到粮食被装车拉走，白天黑夜地聚在一起忙。无论叫什么“场”，它的面积大小似乎也总和这户人家的境遇有关，人丁兴旺之家，晒场大，青砖墁得严丝合缝，平时打谷场也打扫得洁净，儿童在场上玩耍。穷苦的庄稼人给人打长工，自然就无所谓“晒场”。

富户家庭的打谷场，一般在四通八达的中心位置，兼有脱粒、晒粮的用场，一排坐北朝南的平房，是用来存放粮食和农机具的，和这排房子相对应着的，还有三四间低矮的牲口棚，或是牛栏和猪圈羊圈等。

通常夏秋两季的收获，那是打谷场最动人的时刻。小满一过，几场西南风一吹，这时的麦秸挺硬，油菜挺拔，正是开镰收割的时候。社场上堆满高高低低、大大小小的麦垛，把丰收气息愈加浓烈地堆积起来。扬场是力气活，要使巧劲，顺着风势，一锨一锨地把麦子高高扬起，抛出弧线，麦壳随风飘去，麦粒疾雨般落下。打谷场上掼麦的响声，伴着农人们的欢笑声，似乎把紧张而繁重、辛苦又漫长的夏收劳动冲淡了许多。

有的打谷场也有数家合用的，大抵是同姓聚居的宗族。有三五户，也可能有七八户不等，乃至十来户合用一片打谷场，这晒场总有一个或一个半篮球场那么大。在没有机械脱粒的岁月，农户将运到打谷场上的稻把，在打谷场上摊铺20厘米高。老农手握着牛鞭子，牵着耕牛拖着碌碡在稻麦把上反复碾压。老农嘴里哼着小曲，时不时地给牛一鞭子，耕牛便会加快行走速度。经人工多次抖翻，再把上面的稻、麦草运走，稻、麦便成功碾下了。接下来，收集归拢，扬干杂质，并进行摊晒。一般20亩水稻把需要半天才能碾压成功，白天做不完，晚上继续进行。难怪当年有《打稻竹枝词》云："连枷拍拍稻铺场，打落将来风里扬。芒头秕谷齐扬去，粒粒珍珠着斗量。"有的地方是把稻子连稻草一同运回来，铺在打场上面。再用一种名叫连枷的农具打，称为打场，一边打，一边扬去杂物、灰尘、秕子等，然后剩下珍珠一般的稻谷，再用斗量一量，看看这一年的收成如何。

▲ 20 世纪 30 年代，苏州农村农家场院里稻把打场脱粒后的柴草堆

▲ 1945 年，杭州一位老妇人看着金灿灿的稻谷，喜不自禁

在打谷场上晒粮食也会有诸多的问题，特别是夏季晒粮，一旦突然下起雷阵雨，赶着去抢收粮食都不太来得及；二是打谷场是泥土的，摊晒粮食后灰尘、杂质较多，粮食品相较差；三是每逢下雨天

后，打谷场都要重新碾压，待晒干后方能再晒粮食，费时费神，往往一熟稻谷要晒上十多天时间。

打谷场平时闲置，自然是乡村孩子们玩耍的好去处。特别是夏收时节，晚饭过后，乡村的夏夜才正式登场。经过白日酷热折磨了一天的人们，社场自然是纳凉的首选之地。这个时候，打谷场上白天那种火爆热闹的氛围渐渐散去，但见月朗星稀，清风徐来，新麦飘香，正是舒缓筋骨、放松休闲的好时光。村里男女老少拿着竹椅、板凳，聚到社场。上了年纪的人摇把蒲扇，谈论着庄稼的长势。女人们喜欢家长里短，光着屁股的孩子们又是最快乐的，在麦垛间疯跑欢叫、捉迷藏、玩打仗。夜深了，轻风从高低错落的房舍吹过，远处篱笆上、草丛中的蝈蝈、蟋蟀、织布娘娘鸣唱声，淡淡的月光与广阔的田野融成

▲ 1945 年，杭州当地农夫全手工的谷物收割和打谷作业

一片，整个村庄沉浸在祥和的天籁里……

社场要到冬天才空下来。没有风的冬日，老人们坐在长凳上，靠着仓库墙晒太阳，抽着烟，谈着这一年的收成得失。土地是衣食之源，人的生存绝对离不开土地。人不是只活一辈子就可以完结的，他是千秋万代生存下去的根基所在，因此“社场”或者说“打谷场”就显得格外珍贵，它承载着一代又一代农民对生活的愿景与乡愁。

淞水风前莼叶冷

——渔场营生

渔民在海边生活，得摸清海水潮汐规律，踏浪踩涛，躬耕碧波，推网捕鱼捞虾，这样的历史也可以追溯到宋元时代。南宋《云间志》有华亭县（今上海市松江区）池塘养鱼的记载。明吴郡黄省曾《鱼

▲ 1907 年，上海渔民在海边捕鱼

▲ 20 世纪 10 年代，浙江舟山渔民在捕鱼作业

经》称：池塘养鱼，“其秧也，渔人泛大江，乘潮而布网取之者”“鲻鱼，松之人于潮泥地凿池，仲春捕盈寸者养之，秋而盈尺，腹背皆腴，为池鱼之最”。明代曾任吴县知县的袁宏道有诗云：“侬家生长在河干。夫婿如鱼不去滩。冬夜趁霜春趁水，芦花被底一生寒。”渔家儿女时时不离开河滩，“夫婿如鱼不去滩”，夫婿穿行于芦花枝下打鱼，苦寒一生；“侬家”也是趁霜趁水织网，同样凄苦。清初曾羽王《乙酉笔记》载：“嘉靖末年，海上倭起，海禁甚严，寸板不许入海。”清初，因郑成功据台，“海中严禁，寸板不入”，“家有藏网者以叛逆论”，滨海渔人的生活都是很艰辛的。

明代嘉靖年间，上海出了一个著名的将领郑若曾，曾在抗倭军中任职，随水师战船亲历渔场、海岛巡游督汛，目睹沿海渔民扬帆驾舟在渔场作业，其人数已经是“不啻万计”。由于海上艰险作业较多，渔船、人员事故常有发生，海边渔民迫切需要寻找精神寄托，盼望逢凶化吉。拜龙王，拜观音，特别是下海庙里拜海神，祈妈祖，就成为上海渔民的一个独特的祭祀方式。现上海虹口的下海庙，就是祈求海神保平安的海神庙，清嘉庆年间建于今东长治路东、海门路西的下海浦上的提篮桥，桥已不存，留下了地名，据说“提篮桥”就是当年渔民香客提着盛放香烛的篮子，过桥去下海庙求神护佑而得名。

上海渔场资源丰富，有近海，有长江，也有内陆湖河，内陆水面24.8万公顷，有湖泊60多个，以青浦县（今上海市青浦区）西部为最多。上海金山人黄霆《松江竹枝词》云：“横泾小蟹号金钱，较似青溪味更鲜。细切橙丝携橘酒，常来三泖问渔船。”横泾是黄浦江的支流，在今金山区的东部，奉贤区的西南部。“三泖”是指古代上海地区三条泖河，分别是圆泖、太泖、长泖。据北宋朱长文《吴郡图经续记》载：“泖在华亭境，泖有上、中、下之名。泖之狭者，犹且八十丈。”南宋绍熙《云间志》载：“古泖，县西四十里，周围四顷三十九亩。今泖西北抵山泾，南自泖桥，出东南至广陈，又东至当湖，又东至瀚海塘而止。”清阮元《题王兰泉司寇三泖渔庄第七图》诗云：“淞水风前莼叶冷，江南雨里杏花春。”对渔民来说，人跟鱼走，这是不变的规律。

江南最大的渔场，是浙江的舟山渔场。舟山渔场、千岛渔场也是可以与世界上一些著名渔场相媲美的。在《浙江省水产志》中，嵊山渔场与黄海石岛渔场、南海万山渔场一起，被誉为中国三大著名渔场。嵊山渔场作为舟山渔场的中心，它的发展历史不仅是舟山渔业发展的历史，也是江南渔业发展史上的一个缩影，其兴衰见证了东海渔业发展的历史。

嵊山渔场是舟山渔场的主要组成部分，地处长江、钱塘江、甬江入海口，三江年入海径流量超过8亿多立方米，为嵊山海区带来了大量营养物质，它们与海水营养盐类结合，为浮游生物繁殖生长提供了有利条件。据《舟山渔业史话》记载：论及嵊山渔场开发，点明区域范围与作业规模，至今考证见诸史文最早的，是明代嘉靖年间郑若曾所编的《筹海图编·御海洋》：“曾尝亲至海上而知之。向来定海、奉象一带，贫民以海为生，荡小舟至陈钱、下八山取壳肉、紫菜者，不啻万计。”上述定海、奉象，乃宁波市所辖镇海及奉化、象山等市县。因康熙二十五年（1686）五月，康熙帝以“山名为舟，则动而不静”，诏改“舟山”为“定海山”，取海波永定之义作县名。而宁波府之定海则改为镇海。“奉象”即为现在宁波市所辖奉化、象山。而陈钱山、下八

▲ 20 世纪 20 年代，上海渔船齐聚黄浦江准备出海打鱼的情景

▲ 20 世纪 20 年代，太湖边的渔民即将下网捕鱼

▲ 20 世纪 30 年代，徐州渔民晾晒的渔网

山，即为今嵊泗县所辖嵊山、壁下山诸岛。

400多年前，每逢渔汛季节，嵊山渔场已呈现出千舟云集、万人会聚，合力撒网捕鱼的兴旺景象，那鱼欢人闹、灯火璀璨的热闹场景不知牵动过多少沿海居民的心。“带鱼吃肚皮，闲话讲道理”“三月三，黄螺爬上滩”，舟山当地有名的歇后语仿佛还在诉说着渔场曾经繁华的过去。

▲ 20 世纪 30 年代，浙江舟山的岱山盐场盐田及水车

雨花洒盐盐作卤

——煮盐晒盐

上海产盐的历史特别悠长，说上海“衣被天下”，那还是明清以后的事情，而说上海“煮盐与晒盐”的营生，资格则要老得多，可以说从公元前就有记录，历经汉、唐、宋、元、明、清诸代，垂二千年矣。说到盐，大多数人都会感觉它是“百味之祖”“食肴之将”，每日必不可少的调味品。缺少了盐，生活将索然无味。实际上，盐的用途远不限于烹饪。盐在人类生存发展和日常生活中不可缺少，更是人体所需要的一种微量元素，是人类能够正常生活的必需品之一，所以古代没有比食盐更重要的资源了。

从历史长河中来考察，上海产盐可以分为“煮盐”与“晒盐”两个阶段，始自公元前约200年，汉代吴王刘濞“招致天下亡命者盗铸钱，煮海水为盐”，《汉书》记载“吴煮东海之水为盐，以致富，国用饶足。”刘濞利用近海的优势，靠盐迅速积累财富，甚至到了足以反抗朝廷的地步。《宋史》135卷记载：“今日财赋，煮海之利居其半”，上海产盐地从老捍海塘向东向南，“滨海斥卤，咸水为害”。百姓“殖苇为薪，煮海为盐，盐田相望，变害为利”。据《宋史》记载，宋初淳化年间（990—994），已在华亭县设浦东、袁浦、青村、下沙、南跄五大盐场。《云间志》上记载这些盐场分别是：（一）浦东盐场，五代后汉乾祐元年（948）开设。下辖浦东场、金山场、遮山场、柘湖场、横浦场。（二）袁浦盐场，下辖袁部场、六鹤场、横林场、蔡庙场、戚漴场。（三）青村盐场，下辖青村北场，青村南场。（四）下沙盐场，下辖下沙南场，下沙北场，大门场，杜浦场，南跄场（今东沟一带），江湾场。此外，在今上海地面的古代还有嘉定盐铁塘、宝山大场、崇明天赐盐场。以上合计21个盐场，几乎遍及大半个上海的地面。

制盐在相当长的时间内都是通过煮、煎来制取。所谓煮海，是一种古老的利用海水提炼海盐的方法。从夙沙氏煮制海盐开始，一直到隋唐时期，海盐的制取都采用这种方法。宋元时期出现了“曝晒成盐”的制盐法。明代，晒盐技术得到了进一步的发展和推广，永乐年间，我国开始废锅灶、建盐田，改蒸煮为日晒，清代海盐的生产则有煎有晒。盐场随着陆长海退，逐步向外海推进，清道光年间（1821—1850），下沙盐场几乎全部停止产盐。随着陆地扩大，地面淡化，粮棉增殖，盐业萎缩，转植粮棉。盐业的衰落也在一定程度上影响了浦东经济和社会发展，但盐业依然通过地名、习俗等文化传承，在这片土地上留下了先民辛勤耕耘的印记。

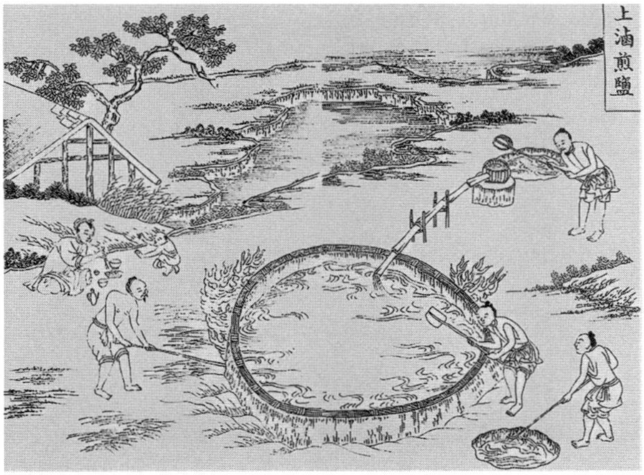

▲ 煮盐晒盐，《熬波图》记载古人制海盐的方法，关键步骤“上卤煎盐”

自宋代起，制盐的基本单位是“灶”（即数家盐户结合一体，轮流使用一个“牢盆”：可注数百上千斤海水的大铁锅），以柴草为燃料，煮海水成盐。北宋一灶约为20家盐户，元代在宋代司场灶三级管理的基础上，新设了团一级管理机构。朝廷在一个地区设“都转运盐使司”管理盐场。明朝虽然因袭元制，仍以团仓的方式管理盐户，但是浅海滩慢慢地向东延伸，盐场离海日远，煮盐成本日增。同时，由于淡水流入，上海近海海水的含盐量逐渐稀薄，“熬波煮盐”也就难以为继了。史载明洪武年间突发海溢，盐田灶户全部淹没，松江、崇明溺死盐丁无数，也是惨绝人寰。

盐文化在元朝有很大的发展。曾任华亭县下沙场（今上海浦东下

▲ 民国时期海州（今江苏省东海县）盐场附近可以开合的桥，搬运工通过这座桥将盐运送到铁路附近

▲ 民国时期海边盐场的一对母子正在用手推水车汲取盐水

▲ 20 世纪 40 年代，沿海盐场的盐夫从卤水井里打捞海盐

沙镇）盐司陈椿，根据前人所作旧图，增补而成《熬波图》，记载了从建造房屋、开辟摊场、引纳海潮、浇淋取卤到煎炼成盐的完整海盐生产过程，被收入《四库全书》。《中国盐法志》称其为“我国第一部关于海盐生产专著”。入清以来，诸盐场的资本主义萌芽得到了进一步的发展，随着盐井开采技术日趋完善和天然气开始被开发利用，盐场经济异常繁荣，由此产生了一批“富甲全川”的盐商家族。这些家族都是在19世纪中叶以后二三十年里发家的。他们要么是世代高官，要么是世代大地主的殷实人家，或以土地投资井灶，或利用外资逐渐发展起来。盐商家族的崛起是建立在对广大盐工的深重剥削之上的。元代诗人杨维桢《卖盐妇》云：“卖盐妇，百结青裙走风雨。雨花洒盐盐作卤，背负空筐泪如缕。三日破铛无粟煮，老姑饥寒更愁苦”，生动地刻画了艰难生存、饱受煎熬的元代卖盐妇女形象，给历史留下了不尽的苦涩味。

开笼不奈鸭媒娇

——鸡鸭养殖

春秋战国时期，江南地区已经出现大规模的养鸡场。《吴地记》记载，吴王夫差曾筑城以养鸡，“吴县……东二里有豆园，吴王养马处，又有鸡坡”。《越绝书》则说，越王勾践也建了个大养鸡场，叫

"鸡山"。为了伐吴，勾践月鸡山上养的鸡供给一批骁勇善战的武夫。夫差与勾践这对老冤家都热衷于养鸡，可见鸡等禽类在当时已经是重要资源。

清代，江南出现了养鸡专著《鸡谱》，对古代养鸡业进行全面的总结。书中有对鸡的良种繁育、蛋的孵化和雏鸡的饲养方法介绍，还记载了鸡病的十多种防治方法，包括"疫瘟""脚疔"等。至于养鸭，在江南也有悠长的历史。南京板鸭的制作技术已有600多年的历史，到了清代时，地方官员总要挑选质量上乘的新板鸭进贡皇室，故又称"贡鸭"；朝廷官员在互访时以板鸭为礼品互赠，故又有"官礼板鸭"之说。南京板鸭从选料制作至成熟，有一套传统的"养鸭经"。其要诀是"鸭要肥，喂稻谷，炒盐腌，清卤复，烘得干，焐得足，皮白，肉红，骨头酥"。传说南朝梁武帝在建康（今南京）称帝时，有位大将起兵叛乱，围住了皇城。双方发生了激烈的战斗，士兵们经常吃不上饭。时正值初秋，肥鸭上市，妇女们便将鸭子洗刷干净，加上佐料煮熟，用荷叶包好后送进皇城去。有时怕来不及，只得将几十只鸭子扎在一起送去。士兵们

▲ 1921 年 6 月，无锡乡村河边小路上放鸭子的男人

▲ 20 世纪 40 年代，江南农村养鸭人家结构较为简单，主要是为了给鸭子提供一个遮风挡雨、休息和产蛋的地方

▲ 20 世纪 30 年代，一位镇江女子在养鸡场喂鸡情景

打开成捆的干鸭，用水煮熟，香气扑鼻，咸淡适宜，都说："这压板了的鸭子真好吃，干脆就叫板鸭吧！"于是南京人便把制作板鸭的烹调技术沿袭下来了，成为南京特有的一种风味。

明清时期，江南地区饲养鸡鸭的行业还是很发达的，在鸡鸭饲养技术上也不断有翻新，比如据乾隆《建昌府志》记载："乡间多畜鸭，母鸭百余可当五亩之入，故多专人司之。或老叟，或童持竿以为督，鸭则视竿而之焉旅进退。"嘉靖《吴江县志》载："岁既获，水田多遗穆，又产鱼虾。绍兴人多养鸭，千百为群，收其卵以为利邑，人呼为鸭客。”大多数优良鸭品种也主要在明清时期形成。如以产蛋著称的绍兴鸭、金定鸭、涟源鸭和肉蛋兼用的高邮鸭、建昌鸭、临武鸭等。

民国时期，我国养鸭业仍有一定程度发展，各地方志中都反映了这一情况。其中一些地方记载有养鸭为农民的副业，少以百计，多以千计，成群结队，白天游弋水域之中，夜归宿于芒栏内；管理鸭一般用一长竹和一条小船：农户多“冬买夏卖”等。根据1935年统计，当时全国有家禽达3.6亿只，其中鸭为0.56亿只。1948年，因连年战争影响，鸭总数下降到0.44亿只。

▲ 20 世纪 30 年代，南京一棵大树下的鹅群

中国人的传统名馔，差不多都有故事，很多鸡鸭经典名菜流传百世，家禽的菜和故事是要联系在一起的，没有这些故事，菜也只是菜，而没有了它丰富的意义。例如苏州名菜“贵妃鸡”，做法是选用肥嫩的童子鸡翅膀与香菇、淡菜、嫩笋、青椒一起焖烧而成。“贵妃鸡”的特点是菜色鲜艳，绿、乳黄、黑、白相配，令人赏心悦目，吃起来既嫩又鲜，香味扑鼻，是少有的佳肴。相传是苏州厨师为唐明皇与杨贵妃做的菜，这位苏州厨师告老还乡后，也把“贵妃鸡”的烧制方法带回家乡，这道菜也就在苏州地区世代流传了。20世纪20年代末的上海陶乐春川菜馆，改良了“贵妃鸡”的制作手段，由名厨颜承麟等借京剧《贵妃醉酒》而创制，原名“京葱贵妃鸡”，盛器是砂锅，为冬令品种。30年代末，该菜移入梅龙镇酒家，由擅长“文火细烧”的沈子芳师傅运用“半汤半菜”自成一格的烹调技术，将该菜改进提高，正式定名“贵妃鸡”，遂成为四季皆宜的品种。此菜制成后装入盖碗内上席，揭开盖后，满室香气扑鼻，鸡翅肥嫩。再如常熟名菜“叫化鸡”声震江南，传说则与苦命的叫花子与长工的智慧有关。

▲ 1949 年 2 月，南京一位蹲坐在街角的老人在卖鸡

唐代诗人韩翃《送丹阳刘太真》有“下箸已怜鹅炙美，开笼不奈

鸭媒娇”的诗句，古人的主食以“五谷”为主，肉类食品则有家禽、牲畜、鱼类，当这些古代人餐桌上的食物与文化有机结合之后，独具古代社会魅力的饮食文化开始逐渐进入成熟阶段。

卒岁末妨资橘柚

——柑橘栽培

浙江黄岩盛产柑橘，天下闻名，有明确记载而载入典籍的，就是三国时期东吴沈莹所撰《临海水土异物志》。沈莹是浙江吴兴人。陈寿《三国志》无传，据叶哲明先生考证，在《吴志·孙皓传》，裴松之注引的《晋记》《襄阳记》中，得知他曾做过丹阳太守，东吴亡国前夕，曾率领水军“青巾军”“屡陷战阵”。又从其随从幕僚松阳人柳荣有关史实，他早期可能到过临海郡，并担任临海太守、都尉一类的官员，故他对台州、温州等地的山海江河十分熟悉，对于台温之地的物产资源、风土民情有相当的了解，写出史上东南沿海最早的一部海域特产志，具有极高的学术和文献价值，在科技史、航海史方面也是一部极为珍贵的著作。

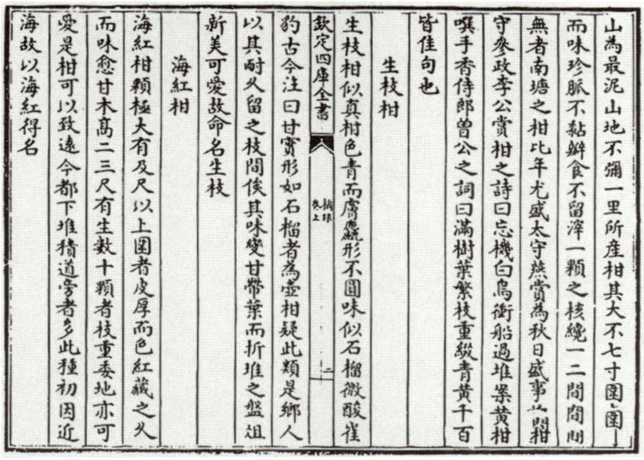
山為最泥山地不彌一里所產柑其大不七寸圍圍
而味珍脈不黏鮮食不留滓一顆之核纔一二間間有
無者南塘之柑比年尤盛太守燕賞為秋日盛事丛緗
守參政李公賞柑之詩曰忘機白鳥銜船過堆案黃柑
嘆手香侍郎曾公之詞曰滿樹葉繁枝重綴青黃千百
皆佳句也
生枝柑
生枝柑似真柑色青而膚麤形不圓味似石榴微酸往
欽定四庫全書　橘錄 卷上
豹古今注曰甘實形如石榴者為壺柑疑此類是鄉人
以其耐久留之枝間俟其味變甘帶葉而折堆之盤俎
新美可愛故命名生枝
海紅柑
海紅柑顆極大有及尺以上圍者皮厚而色紅藏之久
而味愈甘木高二三尺有生數十顆者枝重委地亦可
愛是柑可以致遠今都下堆積道旁者多此種初因近
海故以海紅得名

▲ 中国最早的柑橘专著《橘录》中的有关记载

《临海水土异物志》明确地记载了台州、温州以及福建地区已开始产橘，其文曰：“鸡橘子，大如指，味甘，永宁界（中）有之”，又“王坛子，如枣大，其味甘，晋安、侯官越王祭坛有此果。无知其名，因见生处，遂名王坛。其形小于龙眼，有似木瓜，七月熟，甘美也”。永宁，即今台州的黄岩，又云温州；晋安、侯官都是福建地。

“鸡橘”，应系金橘的谐音。《黄岩柑橘志》称：“鸡橘即金橘，系金橘之类”，黄岩地方俗称“金弹橘”。北宋黄岩人左纬在《过友人居》一诗中写道：“卒岁未妨资橘柚，余生应只付林泉。他时卜宅如相近，且种壕头十亩莲”，对种植的橘柚格外赞赏。

▲ 1939 年，徐州街头卖水果的小贩，竹筐里摆满了石榴、苹果和橘子等时令水果

▲ 20 世纪 30 年代，上海端午节马路边两个卖水果的妇女

南宋建炎四年（1130），金兀术攻下开封之后，乘势即转兵进犯江南，连下南京、南昌、临安等地，宋高宗赵构逃离临安，从宁波乘船至舟山再到台州湾，停靠在章安金鳌山下。据《北盟会编》记载，这年元宵节，黄岩永宁江有“二船为风所飘，直犯御舟，问之，乃贩橘者。帝尽买散禁卫，令食瓤取皮为碗，贮油其中，点灯随潮放之”。两艘民船海上行驶，正碰上皇帝乘坐的龙船，得知这两艘船是贩卖柑橘的商船，于是皇帝下令购下全部柑橘，分给周围侍从人员，吃了橘子，取下橘皮，制成橘灯，然后点灯随潮水漂流。元宵佳节，橘灯如数万点红星浮漾海面，蔚为壮观。自此以后，水上放橘灯风俗传为美谈。台州椒江，唐代天涨沙涂，宋代尚无人居，两船柑橘顺流而泛台州湾，场面壮观。

黄岩和温州柑橘的传播，还与抗金名将韩世忠之子韩彦直有关，韩彦直作为将门之后，在温州任知州期间，一方面打海寇抓匪首，一方面还花了一年多时间厘清柑橘“家谱”，为温州留下了世界上第一部柑橘学专著《橘录》。

宋明以来，中国柑橘种子传入日本国，是唐代日本和尚田中间守来我国浙江天台山进香，带回柑橘种子，在日本鹿儿岛、长岛栽植，变异而生。《三国志·孙权传》也说："孙权遣将军卫温、诸葛直率甲士万人求夷洲及亶洲。亶洲在海中……长老传言秦始皇帝遣方士徐福将童女数千人入海，求蓬莱神山及仙药，止此洲不还。"又说："亶洲者，所在绝远，率不可得至。"不少学者认为夷洲是台湾；"止此洲不还"的"此洲"就是日本。因为日本和歌山新宫町的《秦徐福碑文》有："今东海可当蓬瀛者，无可舍望国他求，则谓日本国。"

▲ 20 世纪 30 年代上海，正在出售柑橘等时令鲜果的水果店

▲ 1942 年，江南街市卖柚子、柑橘的小贩和消费者

近代不少研究柑橘历史的学者，认为传入日本的温州蜜橘，它的祖先橘则是黄岩的本地广橘。徐建国《温州蜜柑起源考》认为，温州蜜柑传入日本之后，因其无核，当地人误为不吉利，不愿种植。到了明治维新时，才认识到其价值，逐步推广开来。今日本九州地区遗留下来的原始类型的温州蜜柑，树比较直，叶片大，果大形扁、皮厚、表面粗糙，“很像我国黄岩的本地广橘”。日本的著名柑橘专家田中长三郎，研究柑橘历史已有50多年，曾两次来到中国的黄岩、温州等地考察，在柑橘分类方面做出杰出的贡献，著有《温州蜜橘谱》等。

农史学家查证，中国柑橘传入欧洲的道路有两条：一条是经波斯而叙利亚，再由叙利亚传至意大利和法国；另一条是经过阿拉伯、埃及和北非，传至西班牙。英国的柑橘，是直到16世纪初才由葡萄牙传入的。现在世界各地都有了柑橘，其源都出于中国，所以农史学家们把我国称为“柑橘之国”。

第二章

色彩斑斓的市井生活

“市井”，初现于《初学记》，因“古者二十亩为井，因井为市”得名，作为古代城邑集中买卖货物的场所，承载着百姓的烟火生活。在《管子·小匡》“处商必就市井”以及《史记·魏公子列传》中“臣乃市井鼓刀屠者”的记述里，“市井”的轮廓愈发清晰，它是民众的生活空间，其中的市井味道，饱含着喜怒哀乐与柴米油盐。

在历史的书写中，不少所谓“正史”或官方叙述对“市井”带有偏见，常把百姓称作“细民”“升斗小民”“市井小民”，觉得他们只知为温饱奔波，胸无大志，如同石缝间的小草。然而，尽管“市井”常与贬义相连，诸如市井无赖、市井小人等成语，无不流露出对其深深的鄙夷。在传统观念里，生活在市井中的人群，多与“三教九流”相关，难免混有地痞流氓、街头混混。但不可否认，市井生活也充满人情味，它源于市井百姓的平常生活，引车卖浆、贩夫走卒为生计忙碌，无暇顾及细节的雅致，才被贴上粗俗的标签。随着时代的变迁，城市化进程的加快，市井文化的内涵不断丰富，如今，它已成为人们心中质朴、纯真的日常生活方式。

以上海和苏州为代表的江南城市，展现出风格迥异的市井文化。上海作为充满活力的移民城市，生活节奏快，压力大，弄堂里此起彼伏的吆喝声，不仅带着季节的变换，更融合了各地的文化元素，方言成为独特的文化符号，见证时代的变迁。而苏州，这座有着悠久文化传统的古城，生活悠然自在，人们在不慌不忙中享受“笃悠悠”小康生活情景，构成了吴门人家别具一格的市井生活。

商业的繁荣对市井文化的丰富起到了推动作用。《汉书·货殖传序》中 “商相与语财利于市井”，生动描绘了市井中逐利的景象。颜师古认为，市井不仅是商业交易之地，还必有公共水井。从这一角度看，苏州凭借深厚的历史沉淀，城内的古井成为独特的文化景观和宝贵的文化遗产。

市井，涵盖了城市消费生活的方方面面，烟火街市、街头艺人、林立商铺构成了市井生活的丰富图景。其街市布局受到地理、历史、经济等多种因素影响，往往呈网状，形成规整或不规则网络，摊位看似杂乱无章。若将摊贩全部迁入室内管理，虽能换来马路的整洁，却也会让市井文化失去原有的韵味，变得单调、疏离且缺乏活力。

▲ 20 世纪 30 年代，上海南京路街市

云间烟火是人家

——烟火街市

清末江南农业经济出现了结构性变化，江南许多古镇出现了“近镇人家多业机杼”的倾向，过往习惯了那种“耕读传家”模式的农户，变得不安分起来，许多农户已经将发家致富的重心，从纯农业转移到蚕桑与丝织，反过来从事农田耕耘却被当成了副业，有不少农户因忙于“机杼”而顾不上大田生产了，闲置的农田只得雇人来“种跨脚田”。忙于生丝和丝织品流通的农户，其实已经在发生蜕变，他们已经不是一般的庄户人家了。

而太湖周边市镇的集散功能与市场机制，又像散发出特殊魔力一样，吸引着朴实而安分的庄稼人，环太湖流域周边的大批市镇分布于太湖东南面不大的扇形地带，星罗棋布，实际上已经快速地市政化和城市化，在全国其他经济区域中是罕见的，这些市镇有着非同一般的经济活力。它们之间联系密切，人流、物流从不间断，构成充满活力的丝绸业市镇网络，向各地市场辐射，形成了“湖丝遍天下”的局面。

通商，给江南历史悠久的市镇体系带来前所未有的冲击，促使其发生结构性的演变。原本传统意义上联系紧密、分布有序的市镇群体，在自然、经济、社会、交通等因素共同作用下，受上海开埠后强大引力的导向，原先以苏州为中心的市镇体系，呈现归向上海的重新组合，逐渐形成以上海口岸内外贸易为主要联结纽带的新的格局。

金山朱泾，明正德年间（1506—1521）已成城镇。之后，随着土纺土织等手工业的兴起，商品交易日益扩大。明人陆宝在其诗中这样描写朱泾：“春潮覆草半江青，长水分涂客未经。少理蚕丝多织布，百家烟火傍朱泾。”清初赵慎微也曾作诗：“万家烟火似都城，元室曾经置大盈。估客往来多满载，至今人号小临清。”可见朱泾当时的烟火气之盛。到清乾隆时，朱泾已“有城市气象”。可惜的是，朱泾镇虽然处于沿海并且距上海市中心仅69千米，由于其自身的种种原因以及上海发展扩张力的局限，并没有快速纳入上海的社会经济体系中，当年“百家烟火傍朱泾”的古老意象不复存在，在其后的岁月里其社会经济的发展也逐渐被边缘化。

而那些首先受到外国商品输入的冲击，被异域的波流搅动着的市镇，却得到了生机勃勃地快逗发展，嘉道年间上海人曹晟《觉梦录》中称当时的上海县城“不更出于松城之上乎！自海禁既开，民生日盛，生计日繁，金山银穴，区区草县，名震天下”。发展的格局就是这样“喜新厌旧”，“冷酷无情”，跟上趟的一批市镇，随着上海的发展而兴

▲ 民国时期苏州阊门石路地区的商业街，楼宇毗连，店铺林立

▲ 1910 年，上海北门外街市车水马龙

旺，吴淞镇因地扼中外船只入港要口备受各方青睐，几成市区之“飞地”；虹口港区北侧的江湾镇，“昔不过三里之市场，今则自镇以南马路日增，星罗棋布，商埠之发展直与界联为一气，无区域之可分，繁盛殆甲于全县”。要因在于它贴近租界，“水道则有走马塘之运输，陆道则有淞沪铁路之便捷，其骎骎日上之势殆将甲于全邑市乡”。地处南北两翼内河船只进港要道的闵行、黄渡，客货船过往频繁，集镇经济活跃。毗邻内河港区的曹家渡，先前“地甚荒僻，绝少行人”；自内河轮运开通，“面临吴淞江，帆樯云集，富商巨贾莫不挟重资设厂经商，除缫丝、面粉两厂外，若洋纱厂、织布厂、鸡毛厂、牛皮厂、榨油厂、电灯厂，不数年间相继成立，市面大为发达，东西长二里许，鳞次栉比，烟火万家”。在发展潮流面前，传统市镇的体系分化了，部分市镇融入以上海为中心的经济发展体系中，而那些跟不上趟的市镇，尽管历史上名气很大，在传统优势逐渐丧失后，只能快速走向衰落。

新市镇转型，市井长巷，聚拢来的是烟火，铺开来的是人间。所谓“烟火气”来源于古汉语，其本义指“烧煮食物的气味”。唐刘禹

▲ 1937 年，上海街市摊贩兴旺，人们纷纷驻足购物区

▲ 1949 年，上海街市的商号与三轮车

锡《竹枝词九首·其九》吟咏道：“山上层层桃李花，云间烟火是人家。”走在小菜场里，听着小贩不遗余力的吆喝声，热热闹闹的讨价还价声，再看着五颜六色、滴着水珠的果蔬，活蹦乱跳的鱼虾，鼻腔里充盈着青菜的清新味道、海鲜的腥膻味，一切是如此的生动，如此的真切，吵吵闹闹而又粗茶淡饭的市井生活，让人们感受到真实安心的生活气息。

然而，有谁知道，这烟火升腾的背后，总离不开一种大趋势的驱动。

商贾频年辐辏来

——小商小贩

各地商帮如潮水般涌入上海，上海几成客籍商帮竞逐的天下，所谓“商贾频年辐辏来，浙东财赋海陬推”。张春华《沪城岁时衢歌》

中说：上海县城居民本多商贩寄籍，“黄浦之利，商贾主之。而土著之为商贾者，不过十之二三”。商帮的发展不仅推动了上海商业繁荣，也带动了商帮发源地或主要活动地区的经济发展。除了几百年前声名显赫的“徽商”“晋商”这些商人群体以外，在来沪的客籍商帮中，洞庭商帮、浙江宁绍帮、关山东帮、江北帮以及闽广帮、江西帮等地方商帮的势力日益壮大，乾隆以后，这些客籍商帮大有后来居上之势。洞庭商帮多开行铺，其中不少人落籍定居；浙帮商人以浙东宁波、绍兴居多，绍帮以经营炭栈、钱庄、酒坊为主；宁帮经营范围更广，举凡海船运输、南北货贩运、钱庄、银楼、糖业、绸缎业、棉布、药材、海鲜、咸货业，无不有他们活跃的身影。此外，如山东商人又分西帮、胶帮、登帮、文莱帮和诸城帮，合称北五帮商人。

据统计，清初上海县城内外设立的会馆公所就达27家之多。这些同乡或同业组织的大量设立，显示出客籍商帮在上海的群体力量。商帮、豪富右族、避难名流及闽广游民，共同构造了开埠前后上海“坊巷客土杂居”之格局，有些文献甚至称上海城内“居民多客籍”。一方面说明清初上海社会具有很强的兼容性，另一方面也造就了近代上海社会的多元性，给上海带来了巨大的发展潜质和社会活力，而这种社会格局在清代中后期社会中则是一种相当罕见的现象。

开埠以后的上海“洋楼耸峙，高入云霄，八面玲珑，玻璃五色，

▲ 清末民初，上海福州路山东路口商贩云集，大廉价招幌迎风飘扬

▲ 清末一群人站在马路边上看热闹

▲ 民国初年街头卖鸡毛掸子的小贩

▲ 1937 年，上海外滩街道边出售文化用品的小贩

▲ 1942 年，上海街头挑卖煤炭的小贩

铁栏铅瓦，玉扇铜环”，上海的繁华吸引着大批那个年代的“沪漂”来讨生活，小商小贩更是不计其数，1862年，上海人口突破50万，到1900年，上海人口已经达到100万。移民中并不多是腰缠万贯的土豪，大部分人都将摆摊作为自己的谋生手段。转眼间，上海摊贩猛增，到20世纪30年代全民族抗日战争期间，难民涌入，工人失业。“各贫陋街巷之空地上及里弄内，添设大批不领执照食物摊”。如果有人想做旧货生意，这时是个好机会，各种旧货市场大量出现。收旧衣服、旧家具、旧书籍、旧无线电，就连抽大烟的烟枪都有。据统计，仅英美租界当局给旧货摊贩所发执照就有6 741户，虹口虬江路上从事收旧货的摊贩达数千人。当时聚居上海的犹太人也没闲着，在提篮桥的外籍人士居住区，犹太人从事理发服务及鞋帽服装、五金、面包小吃的零售，放眼舟山路上，一片异域风情。

“万商云集”在上海的聚合效应为上海文化铺上了底色，加之柔婉细腻的江南文化和西方文化的影响，在城市文化形成过程中出现了“五方杂处”的特有风貌。是做固定摊贩，还是做流动摊贩？恐怕也是贩夫走卒需要仔细掂量的，因为固定摊贩租金、税捐一般都比较高，而流动摊贩则无须付租金，一般打一枪换一个地方，也无所谓税捐，自然风险也是有的，就是要被警察赶来赶去，与警察、巡捕玩猫捉老鼠的游戏，所以，巡捕一来，摊贩四处奔逃的场景随处可见。巡捕呵斥、辱骂、勒索，甚至殴打小贩也都是家常便饭。固定摊贩与流动摊贩之间也会爆发冲突，固定摊贩常常指责附近的流动摊贩抢了自己的生意。

在众多摊贩中，数量最多的还是卖蔬菜、瓜果与小吃的。凡是繁华地段，必是小吃摊林立，以各种早点而言，象面食、小食、点心等摊位为多。摆摊成功与否，取决于摊贩自身资源、商业头脑、经济实力及市场行情。比如，收旧货的虽然生意不愁，但利润很低，收入最微薄，是各种摊贩里地位最低的。测字算命摊是无本生意，但你要置办一身好行头，打扮得像个教书先生一样。大世界附近，是测字算命的根据地。做服务业，如剃头、修脚、修鞋、修车、画像、刻字都需要手艺，尤其是晚清时，还有给人梳辫子的。卖膏药的也得会忽悠才行。即使说书唱戏的，也需要一副好嗓子。在旧上海，贩夫走卒被当时的报纸笑称为“美丽都市的虱子”。

耻笑归耻笑，日子还得过下去。就像小商小贩的人生，没有那么多的轰轰烈烈，有的是各种琐碎的、平凡的细节。那些讨价还价、那些烟熏火燎，才构成了真实的生活。

小小洋琴四四方

——江湖艺人

上海开埠后，繁华的十里洋场，社会习俗发生了极大变化。中西习俗杂糅，光怪陆离，五彩斑斓。“聚万方之形形色色，开古今未有之奇局。”诚如《清稗类钞》记上海近代风俗说：“上海为通商巨埠，广土众民为全国之冠。”上海县城城北一带，原是荒滩农田，但开埠不到10年，外国人在此兴建道路、修码头，西式建筑群鳞次栉比，洋行林立，货物堆积如山，迅速变成一座现代化的城市。西方物质文明，率先在上海得以传播。在造桥筑路的同时，燃点街灯，煤气、自来水和

▲ 清末上海街头的江湖艺人，以孩子垫背，吃相有点难看

▲ 20 世纪 20 年代，手持大刀的江湖艺人站在孩子头上，有点惨不忍睹

▲ 20 世纪 30 年代，上海街头耍猴戏的江湖艺人

▲ 20 世纪 30 年代，上海街头一个青年耍着“吞刀片”绝活，围观者甚众

电力的相继使用，现代化交通工具的推行，都成为一时盛事。为城市卫生起见，又设置有洒水车、消防车、垃圾车等。

租界市政建设及其科学管理所产生的积极效果，近人李味青在《上海乡土志》中与县城作了比较：“租界马路四通，城内道路狭隘；租界异常清洁，车不扬尘，居之者以为乐土；城内虽有清道局，然城河之水，秽气触鼻，僻静之区，坑厕接踵，较之租界有天壤之别。”刘豁公《上海竹枝词》也有记载：“层楼栉比路纵横，多少街灯照眼明。试向小东门里去，鲍鱼滋味令人惊。”这充分反映了近代先进的社会治理与古旧的社会混乱状况之间的鲜明对比。

露天舞台，顾名思义，就是唱曲卖艺。究其源流，这本是中国传统曲艺的传播和发展方式之一，但是一进入人口密集度和异质度都相当高的上海滩，便有了它新的特色。一是包容量大，宁波滩簧莲花落、扬州花鼓淮扬腔、常锡文戏的笃班、绍兴乱弹小堂名，还有名目

▲ 20 世纪 30 年代，上海街头一个拉满弓的大力士，赢得观者阵阵喝彩

繁多的苏滩、本滩等，几乎所有的江南民间曲艺，都能在上海的十字街头觅到知音。二是应时性强，演唱节目不拘脚本程式，一味迎合听众口味，不少内容就是以上海滩的社会新闻为题材。譬如阮玲玉追悼会刚散，露天舞台已唱起了“哭阮玲玉马灯调”。陆根荣、黄慧如的私情出逃案一发生，“陆根荣戏黄慧如”的“无锡景”调头已传遍了街巷。像申曲、滑稽这些曲艺之花，干脆可以说就是在上海滩的马路

水门汀上培育起来的。街头艺人是“吃百家饭”的，但这碗饭并不容易吃，有很多独特的行规和禁忌，入行也要拜师，并写一份契约，规定双方的权利与义务。师傅有引导之责，以示“衣钵相传”，并主动转让一些较固定的雇主或客户，以便徒弟有立足发展之地。

类似露天舞台的，还有各色街头杂耍。沿袭不衰者如猢狲出把戏、关公舞大刀、刀枪不入硬气功、铁丝缠颈手劈砖以及传统戏法之类。与此相呼应的，是近代外国魔术和杂技在中国的输入传播，也以上海街头的展示为主渠道。迄今还留在本地口语中的“卖野人头”“摆洋盘”“跑马”等词语，便是一种历史的积淀。《点石斋画报》里，还有一幅白俄人拉手风琴卖唱的风情画。白俄人的调头，上海人听不大懂。但手风琴这种乐器，倒是被引入并得到了推行。这以后，好多唱梨膏糖调头的人，都拉手风琴伴奏，号称“洋琴”，也叫“风箱”：“小小洋琴四四方，初到贵地拜拜光……东洋人吃仔我的梨膏糖，两只眼睛要朝上望……”一唱起来，轮到外国人听不懂了。

少停两面索酬资
——露天通事

十里洋场，没有围墙；马路天使，穿街过巷。开埠最早的上海，率先冲破了中国传统的商贸坊市体制，从而造就了众多露天职业在此萌生与发展的优越条件，是老上海市民社会生活的一个构成部分，也是其风情景观的一大特色。

伴随着城市商业经济的发展过程，洋泾浜英语的发展是相当快的。清末，有些粗通英文的中国人就开始编写和出版用中文注音的实用英语会话手册，由于作为河流的洋泾浜一直是英、法租界的分界河，上海人也常用“洋泾浜”一词指代租界，这种手册大多被叫作“洋泾浜英语手册”，上海流行的皮钦语就被叫作“洋泾浜”或“洋泾浜语”。如书中所说，上海滩头还流行着这样的洋泾浜英文歌谣：

来叫克姆（come）去叫戈（go），一元洋钱混淘箩（one dollar），廿四铜板吞的福（twenty four），是叫也司（yes）勿叫拿（no），如此如此沙咸鱼梭（so and so），真货实价凡立哥（very good），靴叫白脱（boot）鞋叫靴呵（shoe），洋行买办讲白佗（comprador），小货轮叫司汀婆（steamboat），吃梯吃梯请吃茶（have tea，“吃”用中国话），生堂生堂请你坐（sit down），烘山芋叫朴铁拖（potato），东洋车子立刻锁（rickshaw），打屁股叫班弥吃呵（bamboo，吴语挨打叫“吃生活”），混账王八淡风炉（damn fellow，淡“亨茶”炉音罗），那摩温先生是阿大（number one），跑街先生杀老夫（shroff），麦克麦克钞票多（muck），印的生丝当票多（empty cents），红头阿三开泼多（keep door，红头阿三多指印度门卫），自家兄弟勃拉茶（brother），爷要发柴（father，发即“搬”），娘卖柴（mother），丈人阿伯发音罗（father-in-law）

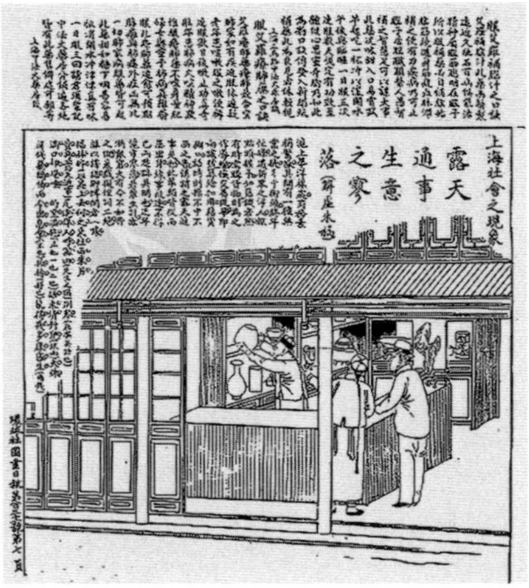

▲ 1909 年，《图画日报》第 131 期有文章介绍露天通事“生意之寥落”的图画

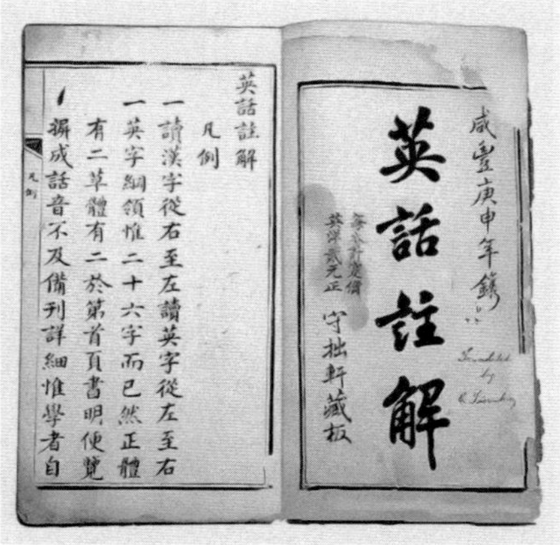

▲ 清末早期“洋泾浜语”手册《英话注解》

这首昔日上海滩上广为流传的洋泾浜英文歌谣，堪称洋泾浜英语最为典型的写照，不仅歌词的内容生动有趣，而且它将上海洋泾浜英语的诸般特征也淋漓尽致地反映出来，从一个侧面生动地展现了上海人语言形态中那种中西兼容、土洋结合的特点，以及上海人心态上对于西方文化的认同程度。据说1876年伦敦还出版过一本《洋泾浜英语歌谣集》。

当年，懂外语者被唤作通事，人们称翻译为“通事”。这帮无业的混混，操几句洋泾浜英语，专与外国人搭讪，大部分交际都在马路上。于是游荡于洋泾浜两岸的蹩脚翻译则被讥为“露天通事”。随着大批外商和西方的游人涌入上海，在没有共通语言而又迫切需要

▲ 清末上海城隍庙附近活跃着各种生意的经纪人

交流的情况下就形成了一种“商业英语”，西人称为“别琴英语”（pidgin English），华人叫作“洋泾浜英语”。其主要特点就是以当地母语为主，夹杂许多英语单词，属于不同语言人群进行联系的混合语言。“露天通事”一般在洋行打过杂，稍谙一些英语单词，但读音不准、语法不通，讲的都是洋泾浜英语，西人听了仅勉强可意会。

民国作家郁慕侠《上海鳞爪》一书专设“露天通事”条：“二十年前的露天通事，人数很多，生意也很好。究竟露天通事是怎样一种生意呢？就是外国人到城内南市去游玩或购买东西，他们作毛遂自荐，担任向导和翻译，末了，或在购物店铺中拿取回佣，或由外国人给予酬金。他们无固定的地点，只在南市各口跑来跑去，瞧见外国人进来了就上前去兜搭，自告奋勇担任舌人职务，此‘露天通事’之所以得名。从前依此为生的也有二百多人，现下这项生意已大不如前。因为近来的外国人大都精通沪语，进城游玩和购买东西一概直接交谈，无须舌人，故此业露天通事的人数也就大减特减了。”

据统计，上海租界里的“露天通事”起先仅30多名，后来增至200多名，“洋泾浜英语”单词则有多达700个。1877年6月27日，《申报》登出一则招聘账房先生的启事，其中明确要求：须谙别琴英

▲ 1911 年，一个街头混混样的人陪着老外在景点旅游

▲ 1911 年，上海一个头脑活络的年轻经纪人

话。“露天通事”这个行当里鱼龙混杂，其中一些人为了赚钱而不择手段。民国初期叶仲钧在《上海鳞爪竹枝词》揭露他们“最好西人购物时，便得从中施伎俩，少停两面索酬资”。后来，由于上海经过正规学校训练的英语人才越来越多，加之大批留学生从海外回国，“洋泾浜英语”终于式微。1934年英国剧作家萧伯纳访华，接受记者采访，还说了他对洋泾浜英语感兴趣：“余信此语或将成未来世界语。”1945年抗日战争胜利，大批美国兵涌到上海，“露天通事”再度活跃，不仅做向导，还做起了代售业务。

人多屋少计堪乘

——房产掮客

“掮客”，这个词好像不太美妙，原本指替别人扛东西上山，赚点辛苦钱的人。这个行当可以说古已有之，就是一种“居间”角色，追溯起来，西周称为“质人”，汉代称作“驵侩”，唐代以后称为“牙人”……古代社会的掮客，显然不能与近代社会的居间人同日而语，近代的掮客专指居于买卖人双方之间，在上家与下家之间倒腾，从中撮合，以获取佣金的人。

清末上海滩掮客如云，多宗交易，由掮客介绍而成，掮客也从中取酬，酬金多寡，因所据之业不同及贸易额而定。其中尤为注目的是操房产地皮业者，为地皮掮客。上海地价至昂，每亩多至十万元，少则数千元，酬金可得其一成，都能飞黄腾达。还有一种“告白”，也是掮客之一种，专为报馆介绍各业广告，酬金率在十之二三，月计也可得数百元。可以说各业皆有掮客，加速了生意成交，为各业所乐用。

▲ 上海滩著名房产掮客绰号叫“程麻皮”。1895年之前，程麻皮有真正“房地产大王”之称

▲ 坐落于南京东路江西中路口的美商“中国营业公司”

20世纪20年代后，上海人口激增，人多房少，物价飞涨，到了1930年，房屋已供不应求了。大量到上海寻饭碗、找生活、走码头，乃至做苦力的，从十六铺上来后，有钱没钱，都得有张床。出租房屋便成了热门，求租者多，租金自然日涨夜大。特别是孤岛时期的上海，“房荒”不断，而且大部分人不可能有独居一幢房子的经济实力，于是就有人从大房东那里承租了一幢房子，自己住一部分，将其余的分租给其他人。利之所在，引诱人们趋之若鹜，演绎出许多奇奇怪怪的现象。

房地产经营离不开周旋于房地产卖主与买主、押主与押户之间的介绍人，如今叫“中介”，或“经纪人”，因为房地产价值大，掮客们的收入相当丰厚，一般佣金总在成交总值的2.5%左右。他们的工作地点一般都约在茶楼，城隍庙湖心亭春风得意楼就是一批被称为“白蚂蚁”的房地产掮客最为活跃的地方，因为租屋、顶屋，人气旺盛，得意楼又有了“顶屋市场”的别称。民国时期报人“海上漱石生”孙玉声就特地为湖心亭写过脍炙人口的竹枝词：“湖亭突兀宛中央，云压檐牙水绕廊。春至满阶新涨绿，秋深四壁暮烟苍。”掮客以茶楼为营业之处，而上海茶楼业之盛，实由这帮掮客为其支柱。

房地产掮客大致可分为两大类，第一类可称之为“挂牌掮客”，大抵假托公司、商号名义，其实既无房产地产，也无固定资本，只有电话一只，办公室一间。一般不雇职工，生意先要顾客填写委托代办书，成交时公司收取佣金若干；第二类可称之为“流动掮客”，无固定场所，就是夹一个皮包，茶楼就是办公场所，如交易成功，他们就居间提取佣金。掮客应该是讲规矩的，但也有不少掮客不讲信誉，不择手段，唯利是图。为获得最大的利润，低价吃进，然后高价抛出。

▲ 1928 年，黄金荣、杜月笙合伙于朱葆三路（今溪口路）开办安乐宫，内有舞厅、酒吧，附设旅馆，是各种经纪人和掮客活跃之处。图为 1937 年的情景

▲ 1940 年，戴鸭舌帽的房产经纪人，公众刻板印象中的掮客形象

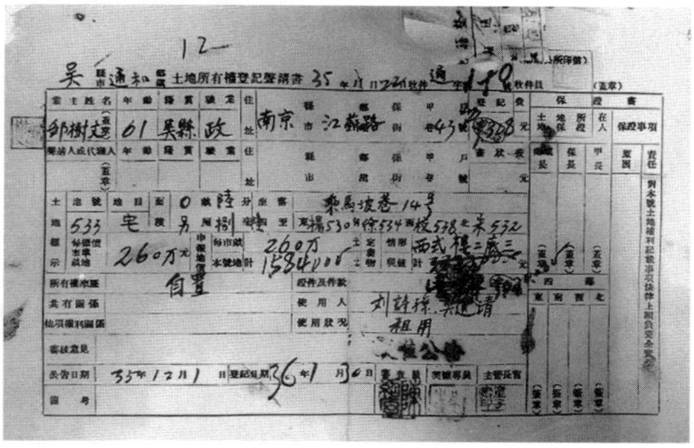

土地所有權登記聲請書

▲ 1946 年，邹树文的房产档案——土地所有权登记申请书

房地产掮客行中有句话，“三年不发市，发市吃三年。”也显示出他们的业务和生活极不稳定，钱来得容易，生活也就腐化堕落，吃喝嫖赌，无所不为，有人比之为“白蚂蚁”“地皮蛇”。至于小掮客，大都门路窄，手脚短，终日奔波，终年劳碌，往往不能赡家糊口。这些掮客大多系旧社会的失业者，既无一技之长，又无后台靠山，只得因缘时会，碰运气赚佣金。

1946年3月5日《申报》刊登竹枝词一首：“人多屋少计堪乘，一度退租价又增。前客未迁来后客，看谁捷足快先登。”可以概括当时上海住房市场僧多粥少、供不应求的现象。上海滩还有一种特殊的房产掮客——二房东。其手段无非是添建搭建，抗日战争胜利以后，大量人员涌入，搭建之风更加厉害，客堂间等处都加搭阁楼，原来两层的一下子变成了四层楼，三层的变成六层楼，使用面积往往增加一倍有余，成为典型的“七十二家房客”。二房东成为操纵居民居住的特殊群体。其来钱门路很多，一般如抬高租金，加摊水电费之类。还有一种临时性的花样：叫“顶费”，原是旧房客将不易拆走的装修等让与新房客使用，收取一些费用，后来变成居住权的让渡费。二房东会挖空心思逼走老房客，重新出租，收取新的顶费。除了顶费，二房东还有预收押金、房租，还有收装修费、搬场费等名目。正因如此，二房东在上海滩声名狼藉，“要知道谁是上海最狡猾的人，二房东是也”，20世纪40年代的《旧上海百丑图》，就有二房东的这种形象。

▲ 20 世纪初，上海南京路沿街商铺林立，很显繁盛之气象

彩衣一巷总悬衣

——商铺林立

清初，康熙帝决定解除海禁，推行允许沿海居民展界复业、商人出海贸易的政策变革。尽管并不彻底，开了国门不久又关上了，但此举也促进了上海海运业和棉纺织业的蓬勃发展，城厢地区商业和手工业日益兴旺。东门、南门内外和城隍庙周围、虹桥头、红栏杆桥、松雪街及从十六铺到南码头沿江地区街巷纵横，店铺林立，人烟稠密，舟车辐辏，形成“一城烟火半东南”的繁华局面。

城隍庙周围街市以京广杂货、骨牌、象牙、耍货、戕扇、照相、画像、点心等店铺居多，较出名的有文昌路上梨膏糖店，香雪街上旧书、古玩店，百翎路上花鸟虫鱼店等，此外还有发饰、梳篦、镜箱、纽扣、线带、玩具等小商品批发市场。小东门大街是明清以来上海最繁盛的商业区，集中了银楼、棉花、绸缎、绣品、皮货、参茸、药材、木器、京广杂货、洋货、海味、南货、腌腊、酒楼、饭店等店铺，其中有童涵春国药号、万有全腌腊店、老德泰铜锡号等历史名店。小东门大街北侧里、外洋行街（今阳朔路）店铺商号、会馆公所栉比，主要经营来自广东、福建的土特产，有笋干、糖、桂圆、海参等。洋行街是上海糖业贸易中心，有益纪、裕丰恒、元泰恒、和兴、和源等糖栈。小东门大街以南里、外咸瓜街以经营南货为主，有咸鱼、腌腊、瓜果、桐油、药材、海味、糖等。大东门大街以南有豆市街、花衣街。豆市街是上海豆、麦、米、食油批发商行集中地，有致祥、义昌、益康、益慎、恒久等老商号。

▲ 清末上海南京路东口的外国商店

当时有“几日牛庄船不到，油、豆看涨三分”之说，附近棉阳里、萃丰弄、吉祥弄一带汇划钱庄多因豆市而设。花衣街多棉花堆栈和商行。每至秋末棉花收摘季节，各地棉农驱车船运棉至此出售，闽粤客商则来此购棉南运。花衣街以南至南码头，聚集百余家竹木行，沿江竹筏拥挤、木排山积，规模较大的木行有萃丰、久大、聚丰、震丰等号。城内肇嘉浜北侧彩衣巷以成衣业闻名，有立大、协泰、福泰、陈大亨等衣庄，所经营服装多为刺绣丝织品。《上海县竹枝词》云：“彩衣一巷总悬衣，衣焕朝辉映夕辉。”其余鱼行桥（多鱼行）、青果巷（有水果集市）等街巷也店多成市。

▲ 明信片上的清末上海商铺——五层茶楼，当时很有名气

上海开埠后，经济重心逐渐转向租界。有人算过一笔账，上海的两个租界共计有48 000多亩地，是全国其他23个租界面积总和的1.5倍。可见上海租界在全国的影响之大。尽管上海在开埠之前已是“人烟稠密，商贾辐辏”的“江海通津，东南都会”，但农业文明比之工业文明，差距实在很大，上海县城的现代化毕竟还有很长的路要走。于是，客观上西方文明确也具有示范效应，它为老态龙钟的上海县城起到了一种明显的革故鼎新的示范作用。

那个时候，外国设在中国的所有银行总部，几乎都在上海。正因为外国银行都在这里，经济中心就在这里。更不必说那时中国民族资本的银行总部，也大抵设在上海。“十里洋场”的兴起，越发让破旧落后的上海县城自惭形秽起来：“上海一隅，商务为各埠之冠，而租界日盛，南市日衰。”

上海已形成了多国、多民族的文化传统的混合，有英国的、美国的、德国的、俄国的，还有犹太人的，在虹口那一片还有日本文化的影响，到20世纪40年代的上海，已成为国际著名的金融贸易大都市，亚洲第二大城市，盛极一时。1949年上海的人口有546万，在100多年的时间里从20多万人发展到500多万人，上海形成了一个集散效应。由于历史的原因，上海人较早与“老外”打交道，中西文化

▲ 1931 年，上海河南路的街景，两旁商铺大多做的是绸缎生意，绸质旗帜挑入空中，“大减价”“大赠品”促销不断，几乎都有着“喜幛”二字

▲ 1925 年，震惊中外的五卅惨案后，工人罢工，商人罢市。图为 6 月 2 日之后的南京路罢市场景，巡捕仍然荷枪实弹

的早期接触与交流，也铸就了上海人看“老外”的独特眼光，这就是平等交易，平和相处，平实处事，在这种与“老外”的双向互动中，上海文化内涵中包含了太多的西洋文化素质。如果对上海的民俗与传统作仔细分析的话，就像被称为万国建筑博览会的外滩建筑一样，上海文化内涵中包含各种各样不同的国际文化传统。

西域移来不夜城

——夜市盛开

1872年7月12日，《申报》刊登鸳湖隐名氏《洋场竹枝词》云：“西域移来不夜城，自来火较月光明。居人不信金吾禁，路上徘徊听五更。”到1874年2月26日的《申报》载古月山房薪翘氏的《沪北十景》竹枝词：“电火千枝铁管连，最宜舞馆与歌筵。紫明供奉今休羡，彻夜浑如不夜天”。这两首竹枝词描写的都是上海租界夜市，夜市经济自古就有，可上海此时的夜市已经不同于以往，最大的区别在于照明材料发生的变革。历史上的夜间照明，家庭多用油盏灯，室外则用灯笼，即使办起夜市，也缺乏有效的公共照明。

▲ 20世纪30年代，上海南京路的街头夜色，车光如流，灯光璀璨

自1862年大英自来火房，1865年法商自来火房在上海相继成立，使用煤气灯照明，是上海租界公共照明系统的一次革命性变化。煤气照明最初仅用于路灯，葛元煦在《沪游杂记》中说："继即行栈、铺面、茶酒戏馆，以及住屋，无不用之。火树银花，光同白昼，沪上真不夜之天也。"王韬将晚清上海最著名的娱乐生活铺陈为十景，其中之一即为"夜市燃灯"。

▲ 1930年，上海夜景，五光十色的夜上海

1891年7月20日起，辟建未久的海上名园愚园连续七天在《申报》发布一则"愚园夜市"广告："启者：时值炎天，概寻避暑之处，本园夜市于是月望日起，仍照旧章，限十二点钟止，新设池内荷花鲜艳，盆上夏兰幽香，诸公清心快目，纳凉赏玩，务请早降是幸。特此布告。"愚园自1891年7月20日至9月3日开放夜场，以纳凉赏花为看点，每晚开放至12点，建成之初，是当年上海游园的新创意，它是一个标志性符号，意味着传统社会被留在了城外，一个以市场交易为生存法则的市民社会迅速崛起，深深地影响了城市的文化生活。

依据新的社会分工而形成的人群，在上海构成了一个中西杂居，以市场交易、交换为生的近代市民社会。正是由于这一群体物质与精神消费的需求，上海市民文化消费空间的形成和发展，才有了深厚的社会基础，不仅仅是富商豪绅在各种休闲娱乐场所一掷千金，一般收入不多的普通市民，也可在工余寻找休闲娱乐。据当时的新闻报道，“身非富人，依人作嫁，或为商伙，或为馆师，则碌碌终朝，当夕阳西匿，瞑色未昏，亦将行此数者，以适一时之意，以解一日之烦。”早期租界的夜市营业不规范，难免会出一些问题，如市井无赖、鸡鸣狗盗之徒充斥其间，引发秩序极为混乱。不过，有会审公廨讯罚主持公道，也保证了社会底线的健全。

▲ 20 世纪 30 年代，上海南京路先施公司夜景

▲ 20 世纪 40 年代，上海外滩夜景

《新闻报》1908年12月27日载：是月，法租界巡捕房出台夜间营业规定：“吃食、点心等店，夜市限至十二点钟为止一律收歇”。但各店家因点心生意均在深夜，营业大受影响，遂联名上书巡捕房，请宽限至2点打烊。西人做出了榜样，华界有识之士也迅速跟进，1909年10月，上海地方公益研究会绅董邀集绅商学界诸人，定于10月20日晚间开会集议，倡议在豫园内振兴夜市，“以期商务之发达”。不过，终因“城墙之障碍”而未能如愿。直到1916年，自小东门长生桥至陈市安桥一带，建四座灯牌楼，自10月27日起，各商号开始夜市营业，每晚至10时为限。

1935年6月21日，一位署名野云的作者在《上海报》写下《沪江夜市一瞥》的见闻：“晚餐后，闲着无事，自馆中出发，信步向四马路往西，至浙江路，再向南行，一直到爱多亚路、东新桥附近一带，便可以看到许多的特殊生意经。那里马路旁边，有卖拳术的，有变戏法的，有露天舞台男女合演京戏的，有拍牙板、清唱小调的，有看相拆字的，还有赌赛象棋的，种种玩意，名目繁多。”他不由感慨：“像这种的热闹场所，除了东方巴黎的上海，哪里还有第二个都市比得上？”

抗战军兴，城市管制，1937年8月上海宣布戒严令后，“上海的夜市几乎被全盘破坏”。有论者评论：“整个远东第一位的大都市，夜晚在凄凉寂寞中度过去。”不过战事停息后，沦为孤岛的上海很快又恢复了战前的景象。夜市成为人们都市生活中自发的社会需求。

无论是晚清时期、民国初年，还是20世纪二三十年代，甚或全民族抗战时期，夜市商家、顾客与都市管理机构之间的关系，并非简单的相克对立，而是有其市场化的内在逻辑。只要有需求，它就会生长，市场如此，夜市自然不会例外。

▲ 1945 年，上海外滩的夜景，这座远东不夜城一直书写着中国近代经济和城市发展的传奇

▲ 上海南京路上有“盆汤弄”地名，相传与清代及之前的澡堂业有关

金鸡未唱汤先热
——混堂潽浴

澡堂，在吴语里也叫“混堂”，是上海周边地区对公共浴室的俗称。洗澡，吴语方言称“汏浴”，“汏”，即“洗”的意思，如汏菜、汏衣裳等。吴语里还有一个说法则叫“潽浴”，《吴歌甲集》云：“下昼提水烧浴汤，姑娘潽浴娘拖背。”上海男人早上起来孵茶馆，叫“皮包水”；下午去混堂泡浴，称为“水包皮”，这是江南很老的生活方式。

晚清申城混堂浴池一般长八九尺、宽五六尺、深三尺，以锅烧汤，水热后用木桶倒水入池，可容十余人同浴。关于浴室，清末葛元煦《沪游杂记》记载：“租界盆汤，以盆汤弄之畅园、紫来街之亦园为最久，星园继之。官座陈设华丽，桌椅皆红木嵌湖石。近增春园、怡园密房曲室，幽雅宜人，堂内兼有剃发、剔脚等人。”葛元煦记录了人们每次去泡澡的费用：“官盆每浴七十文，客盆三十五文”，还得出一个结论：“此处五浊世界，不可藉以湔洗也。”早期上海公共浴室大多如此。

一般平民，在家里洗澡，得先烧好几壶开水冲在一个个热水瓶里。洗时把所有热水瓶里的、水壶里的水统统倒入搪瓷大浴缸里，洗的时候仍然冷得浑身起鸡皮疙瘩，索索发抖，所以人们冬天都情愿去公共混堂去洗澡。公共的浴室为什么叫“混堂”？有古籍记载：明代吴地的浴室，前池后釜，中间以砖墙隔开，池底有管道与釜相通，釜下燃火烧热水，与池中冷水不断交流混合，逐渐升温成为浴汤，故称“混堂”。后来，人们都将在一起洗澡的浴池叫“混堂”，把洗澡叫作汰浴。池水整天不换，哪有不混浊的，俗称“混堂”倒也形象，因而许多人把赶在浴室刚营业时去洗澡，叫作“赶头汤”“头汤浴”等。

▲ 日本《清俗纪闻》江南公共澡堂画对联：“杨梅结毒休来浴，酒醉年高莫入堂”，对清代之前江南人沐浴做了描述

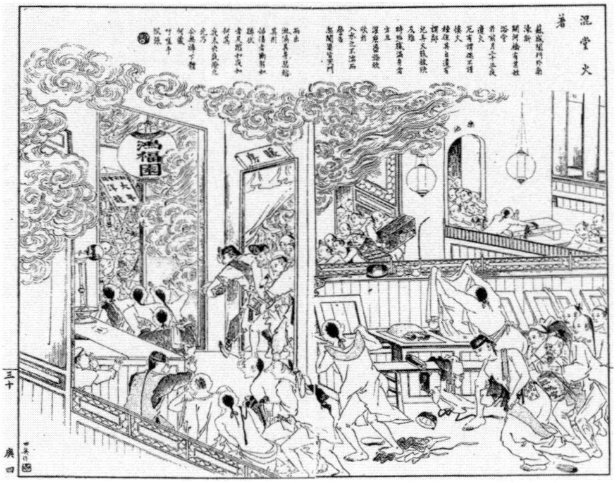

▲ 1886 年上海刊印的《点石斋画报》中有一幅“混堂着火”图，惟妙惟肖，描述的是苏州某浴室的场景

通常混堂大池最里边有个分隔小池称头池、焦池，池水最烫，泡足颇佳。浴客在大池里浸泡过瘾擦背去垢后，在外间面盆、莲蓬头处冲洗干净，走出浴间神清气爽。接住迎面抛来的数块热毛巾擦干身体，裹着浴巾往榻上一靠，浑身酥软，朦朦胧胧进入梦乡，一觉醒来不知身在何处。

上海规模最大、档次最高的浴室当数“浴德池”，坐落在天津路479号，始建于1917年，原名“先施浴德池”，是先施公司的附属部门。“浴德”两字出自《礼记·儒行》中的“儒有澡身而浴德”，意指洗澡砥砺志行，纯洁身心。浴客多为达官显贵，士绅巨富，其主要

▲ 浴室号称“大观园”，叫法够绝的。图为创办于 1920 年，位于人口稠密商业繁荣的泥城桥地区，今西藏中路北京西路路口的大观园浴室，是老上海最著名的混堂浴室之一

技工和服务人员都是清一色的扬州人。此外，与“浴德池”比肩的“卡德池”“日新池”也无一例外由扬州人开设。

人们长时间在混堂里洗澡、喝茶、聊天、休息，称为“孵混堂”，用语也很传神。洗完后回到大堂休息的那一刻，当浴客浑身湿淋淋地回到自己的躺榻边时，服务员立刻会拿着一大把毛巾来到你跟前替你擦身子……全部擦完后叫你躺到榻上，他拿过两块大毛巾，一块让你横披在肩头，一块给你竖着从胸口一直盖到脚下。服务员会乖巧地把一个茶壶与小茶杯送到浴客的小几上，还会很殷勤地一遍又一遍给闭目养神的浴客送来毛巾，有一种非常质朴实惠的松弛闲逸气氛。上海当然也不乏最简陋的混堂，附设在老虎灶旁边，一个盛满热水的大木桶，热水往身上浇……那多数是踏三轮车、推老虎榻车等出卖苦力者的简易洗浴了。

据说民国时期扬州的混堂，有两件不可缺少的东西，一是灯笼，扬州有句歇后语叫作“澡堂的灯笼天天挂”，不过张挂的不是红灯笼而是白灯笼，白色象征水的纯净。二是对联，通常浴室的门口和里面都会挂有对联，比如三义阁的永宁泉——“身离曲水精神爽，步上瑶池气象新”。仁丰里的双桂泉——“涤旧垢以澡身，濯清泉而浴德”。扬州浴室——“金鸡未唱汤先热，旭日高照客满堂”。教场龙海泉——“石池春暖人宜浴，水阁冬温客更多”。浴室门口挂着对联，也是很有点文化气息的。在扬州人开的浴室里，常可见一尊壁龛供于进门处的帐台后。龛内供奉着龙头凤颈的武则天女皇，龛门罩一红布，轻易不肯让人揭看。每逢腊月二十四祭灶时，浴室老板必要用香烛纸马头刀肉来祭祀一番，以保佑生意兴隆。这供奉还有出典呢：武则天继位后，嬖宠群臣，每逢宴乐，必先与张易之、张昌宗、吉顼、宗楚客之流兰汤沐浴一番。久而久之，入浴室沐浴便成时俗，广为流传。

▲ 上海开埠后，引进了西式沐浴的方式，如土耳其浴室和女子按摩院等，吸引了好奇的浴客前往消费

▲ 清末民初，没有“花店”，农户将自家栽种的花草摆出来，供人挑选

百灵厅上鸟声喧

——花鸟虫鱼

赏花养鱼，喂鸟玩虫，是老上海人娱乐消闲的大宗，所以这方面的露天职业功能也特别发达。春秋两季，流动的卖花挑子遍及全市，卖花人声声叫唤：“栀子花来，茉莉花……”花美声悦，相映成趣。有些卖花人还能根据顾客的要求，当场把鲜花攒成花球等种种可佩戴的花饰，比之现在用根铅丝扎两朵白兰花要高明多了。做卖鸟生意的，一般都有固定铺面，称作鸟店。但到了秋天，乡下人用网捕方式捉来成批成群的雀鸟，便纷纷挑着担子来城里发市了。这类鸟算不上什么名贵货，可价钱便宜，鸣叫声欢，对孩子的吸引力特别强。此外还有斗鹌鹑的，可不是如同今日集市上卖鹌鹑的，买回去是为了煮了吃。那个年代卖鹌鹑，先抓两只放在一个大笼子里，开斗它八个十个回合作为招徕，等到观众们的情绪活跃起来后，再开始叫卖。聚在一起观看斗鹌鹑是当时人们的一大乐事。

▲ 20 世纪 30 年代，上海虹口一带街口的花摊

▲ 20 世纪 30 年代，上海城隍庙湖心亭附近的鸟市场

▲ 1937 年，上海街头一位挑着鲜花担子的小贩

曾经有一位旅居上海，名字叫阿尔希·贝尔的美国人写过一本《中国魅力》的书，他惊叹上海人养鸟的热情：“没来上海之前，人们也许不会注意到这样一个景观，但它确乎悦人耳目，那就是一群提着鸟笼走在大街上的男子形象不再从旅沪外人视野中消失。当遇见第一位这样的男子时，你也许会视而不见，总觉得他买只鸟儿回家，权充为一份惹人的礼物送给他妻子罢了。接着遇到第二、第三乃至第五个提着鸟笼的人也不会引人注目，但是一旦见过第二十位或第三十位这样的男子后，那么（外国）旅行者就会觉得这件事情太奇怪了。”这位美国人最终还是没有弄清上海人养鸟的乐趣。其实，早在清末，一位署名“凌云子”的文人就写过他在豫园遛鸟的乐趣：“树荫深处认名园，笼竹携来不惮烦。曲曲弯弯弯曲曲，百灵厅上鸟声喧。”意思是说在树荫的深处有一个很有名的豫园，人们喜欢带着自己的鸟笼子到这里来遛鸟游玩，一点都不怕麻烦。园子里的九曲桥弯弯曲曲的，百灵厅上的鸟儿都在欢乐地啼叫着。

再说养金鱼，金鱼是我国的特产。因它体态憨浑优美，多姿多样，绚丽鲜艳，而成为历代人们的一种观赏物。金鱼有100多个品种，其中有黑色、黄色、红色、青色、彩色等多种颜色之分。大体可分为金鲫种、文种、龙种、蛋种四大类。其中水泡眼、蛋球、狮子头、蛤蟆头、灯泡眼、各色龙睛、各色高头等，都是极美的珍品。金鱼，古代又称“火鱼”“金鲫鱼”。公元968年前后，北宋人在浙江一带的杭州、嘉兴及南屏山中发现了一种罕见的红色、黄色的鱼，人们惊叹它全身的鲜艳色彩。这种鱼被捕获后，好多人不忍宰割食用，于是就被放进了池塘里饲养起来。后来，一些文人雅士便给这种鱼起了个动听的名字——金鲫鱼，俗称“金鱼”。

▲ 20 世纪 40 年代，街头卖金鱼的小贩

老上海常年开设的金鱼店有好几家，都在租界里，城隍庙也有两家鱼店。有些会动脑筋的人，自己喂养金鱼或贩点金鱼来，挑个鱼担去弄堂里叫卖，当然也没啥名贵品种。露天卖鱼的，仍数乡下人进城为多，卖些河里捕捞的小鱼苗、小蝌蚪乃至泥鳅、青蛙、乌龟、小蛇之类，价钱都很便宜。一个十分漂亮的金丝龟，只要花几个铜板便可买到，不过是两只烧饼的价钱。

上海人玩虫，以蟋蟀为主，俗称“赚绩”。城隍庙一带，固定的摊位很多。此外就是流动性极强的“虫担”。与卖鹌鹑的方式相同，卖虫担挑也玩“斗赚绩”这一套宣传手段。观众可以随意下注，其实是一种赌博，只不过卖虫人绝无输钱可能——反正格斗双方都是他的麾下，还可按一定比例抽赢家的赌头。在格斗中占上风的蟋蟀，往往马上被人以较高的价钱买去。倘是连胜几场，还会形成虫担前竞价拍卖的场面，煞是有趣。此外，也有专卖叫蝈蝈、结铃子的虫担，颇受儿童喜爱。

老上海的花鸟虫鱼市场，是一个多姿多彩的世界，其所售物品已经超出花鸟虫鱼，更有各种光怪陆离的奇石，如灵璧石、黑河石、天竺石……那些来自五湖四海，形态各异，色彩斑斓的奇石，或辉煌如霞霓，或烂漫如山花……玲珑剔透、叠峰层峦、造型奇特、鬼斧神工。如锦鼠观天、黄牛顾步、云龙嬉水、马踏飞燕等十二生肖各具特色，让观者回味无穷。

第三章

手工业向着初步工业化转型

手工业几乎与人类起源同步，其发展贯穿中华文化与农业文明始终。从良渚玉器到活字印刷，传统手工业凝聚了中国劳动人民数千年的智慧，在中华民族文化谱系中占据重要地位。

鸦片战争后，江南社会开启向现代转型的进程，手工业随之发生深刻变革。洋货倾销冲击传统手工业，促使洋务派引入机器生产；封建王朝衰落，宫廷手工业转向民间，推动贵族工艺商品化、民间化。

晚清国力衰微，内忧外患严重，手工业遭受重创。一方面，国库空虚，宫廷手工业萎缩，如江宁织造局毁于战火，后被裁撤。另一方面，洋货大量涌入，传统手工艺行业凋零，纺织、雕刻等行业深受其害。

辛亥革命后，手工业迎来转机。能工巧匠摆脱束缚，在民间组织商会、工场，宫廷工艺走向社会化、商品化。民间资本的介入以及国际市场的需求，进一步推动这一进程。与此同时，机器工业的扩张对传统手工业造成巨大冲击，但手工业在社会经济中仍占据重要地位，并开始向工场手工业和机器工场手工业转型。

以玻璃和钟表行业为例，宫廷玻璃生产衰落的同时，民间玻璃业兴起。张謇等人创办玻璃公司，引进西方机器与工艺，产品在各类展览中获奖。苏州钟表业不断发展，民国时期，美华利制钟工场迁到上海，采用机器生产，产品获得国际认可，展现了从手工作坊向机器工场过渡的发展轨迹。

经考察，近代江南多数传统手工业行业得以维持和发展，部分家庭手工业者扩大经营，采用雇佣生产。晚清手工业工艺呈现“宫衰民兴”“趣味改变”“传授方式革新”“地点转移”等趋势。宫廷制作衰落，民间势力兴起；工艺品从服务宫廷转向民间市场，更趋实用化、商品化；工艺教育兴起，突破传统师徒传承模式；手工业向沿海开埠城市集中。

此外，文人参与提升了工艺品品位，形成中西合璧的工艺风格。传统工艺在国际博览会上屡获佳绩，国际市场需求成为发展动力。在社会结构和生产方式变革的推动下，陶瓷、丝织等传统工艺门类采用新生产方式，萌生出机器新工艺。

中国近代手工业在传统与现代之间过渡，既受到西方机器工业的挤压，又与民族机器工业竞争互补，构成了中国二元工业化道路的重要部分。

▲ 清末的铁匠铺，师傅带着徒弟正在打铁

精锻制造法非常

——铁匠铺子

过去有句老话说乡村有“乡村八匠”，指的是农村传统的八种匠人：木匠、泥匠、篾匠、铁匠、船匠、石匠、油匠和剃头匠，这些匠人都有着独特的技艺和特点，他们用自己的手艺和辛勤劳动，换得微薄的收入以谋生，也为乡村带来繁荣和生机。还有一种说法叫“五匠八作”，其实，五匠八作，是民间对各种手工艺的一种泛称，对应也不统一，南方与北方的实际差异比较大。倒是“八作”指具体的手工行当，一般指木匠、石匠、泥瓦匠、铁匠、油漆匠、窑匠、皮匠、小炉匠。除此之外，民间还有三十六行、七十二行、三百六十行之说，实际上，它并不逐个对应某一行业，仅是一种对于民间林林总总手工行业的概括与泛指。

过去老一辈人对孩子的培养，常常要教育孩子一句话“荒年不负手艺人”，或者说“荒年饿不死手艺人”，在农村，孩子如不喜欢读

▲ 20 世纪 30 年代，江南古镇上的铁匠铺，父亲带着幼小的儿子打铁

书，父母就会安排孩子学门手艺，长大后有门手艺，而且是与民生相关的，即使年景不好，都能换口饭吃。走乡串户的手艺人，走到哪吃在哪，在谁家做活，就在谁家吃饭，好酒好菜地伺候着，师傅长师傅短地唤着，年景再差，也饿不死手艺人，怎么的都会有口饭吃。有门手艺在身上，不能说生活富足，但起码衣食无忧。所以，在老一辈人的思想中，手艺人是读书之外谋生的不二选择。

且说这“铁匠铺”，每盘红炉掌钳师傅的技能都是祖传单授，祖传父、父教子，辈辈传承。尽管大多数铁匠手艺粗放不够精细，但仍有善于钻研、敢于试验、技术高超的铁匠师傅。清初世居老上海南门的濮元良铁匠铺，精于锻冶，以打菜刀而闻名。濮元良将原先菜刀双刃，改为单刃，刀背加厚。既能切也能斩，剁起来也方便，极为锋利。所以老上海人送他一个“濮刀”的美名。清末秦荣光《上海县竹枝词》写道：“清初刀造濮元良，家住南城善制钢。近日用场钢倍火，精锻制造法非常。”由此可知濮元良打铁铺，打出了老上海的菜刀名牌。农耕时代的打铁这个行当，是很艰苦的，有一句俗话说：“旧行当三般苦，打铁、撑船、磨豆腐。”过去在村头镇尾，基本上都有铁匠铺，有的地方称之为“铁匠炉”。

▲ 1935 年，上海一家铁匠铺的小学徒，正在愉快地用锉刀打磨金属制品

铁匠铺的设备很简单：一个烘炉、一只风箱和一方底气十足的铁砧。烘炉的炉膛空间很大，风箱紧贴在烘炉旁，在人力的推拉中它总是发出呼—啦—呼—啦的喘气声，于是炉膛上的煤火便一闪一闪地像顽皮孩子的眼，很有趣。铁匠铺通常有掌钳的老铁匠和抡大锤的徒弟，精练而简约。打铁的过程又分为“上手”（师傅）和“下手”（徒弟）。直到现在，人们还常常客气地说：“我给你当下手”，就是指做助手的意思。上手经验丰富，右手握小锤，左手握铁钳，在锻打过程中，上手要凭目测不断翻动铁料，使之能将方铁打成圆铁棒或将粗铁棍打成细长铁棍。老铁匠是上手，他就得把握烘炉火候，只要老铁匠的铁钳将火红的锻件一夹出，站在铁砧两旁的下手——徒弟便在老铁匠小铁锤的引导下抡起大锤“趁热打铁”。老铁匠的小铁锤打哪里，两个徒弟的大锤也精准地打在哪里，于是随着火星四射，叮叮当——叮叮当——便响起来了……

▲ 第二次鸦片战争后，“洋铁、洋针、洋钉”传入中国，始有“白铁”之说。图为 20 世纪 30 年代上海的白铁匠铺

铁匠铺当然是农耕时代的行当，农业生产和家庭里使用的金属器具，如锄头、铁搭、镰刀、耙子

之类的农具，或家用的锅铲、菜刀之类，都是由铁匠铺的打铁师傅来完成的。一旦进入工业社会，讲究机械化的先进生产方式，人们都喜欢到市场上买铁器，既方便，又便宜，落后的手工打铁的铁匠铺自然就难以为继了。

▲ 民国时期的一个白铁匠，赤着脚蹲在地上，看上去挺可怜

老街上的铁匠铺，那些打铁师傅身板好，手艺巧，干活的姿态也好看，在老街上驻足观看，只见师傅们乒乒乓乓用铁锤敲打一件件精美的铁器，然后放进冷水里一激，坚硬无比。“打铁还需自身硬”，一点不假，他们的身子骨都比较好，堪称优秀的男人，毫无现如今许多男子的阴柔气。打铁是男人的活儿。这是因为，没有力量不能打铁，没有胆量不敢打铁，没有吃苦精神不愿打铁。打铁的人还很重视自己产品的信誉，通常都会在产品上留下自己铁匠铺的标志。

经营身计一生迂

——造型匠心

尽管机器可以代替大部分手工职能，但人类永远无法割舍对手工的情感，像木匠手工艺一直存在于民众的衣食住行间，承载着每个时代的习俗、审美与智慧。据说，有一位好木匠，晚年的他很少手把手地教徒弟做工，只是习惯唠叨，有一句口头禅是：“注意了，留一道缝隙。”木工讲究疏密有致，该疏则疏，不然易散落。时下，许多人家装修房子，常常出现木地板开裂，或挤压拱起的现象，这就是太“美满”的缘故。高明的装修师傅则懂得恰到好处地留一道缝隙，给组合材料留足吻合的空间，便可避免出现这样或那样的问题。

所谓“匠人匠心”，就是锲而不舍、精益求精地认真去做一件事，不以追求高回报高利益为核心目标，不求一时辉煌，但求长久拥有，相信酒香不怕巷子深，诚信与品质是一切事业的保证，这就是“匠人精神”的核心。

大家都知道江南名闻遐迩的无锡惠山泥人，其中有一个经典作品——大阿福，天真可爱，充满童趣，一直深受民众的喜爱。也许几经时代变迁，大阿福形象略有变化，但基本造型都是一个或一对胖娃娃。身穿五福袄，怀抱大青狮，显得文静中有威武，端庄中又带憨厚，从内容到形式都紧扣“福”字主题。他那胖墩墩、笑眯眯的形象，随着艺人们赋予他的血肉和神韵，走进了千家万户，带给人们吉祥、如意和幸福的感受。

佛寺的肇建，香火的旺盛，前来礼佛拜佛的香客越来越多，许多香客光是拜一拜佛已经不能满足了，而是喜欢请回一尊佛像回家，佛塑的需求越来越多。与此同时，惠山寺周围也成为理想的祭祖场所，有需求就会有市场。由于佛教文化的兴盛，居然催生了一个产业。宋代大文豪苏轼于熙宁七年（1074）游阳羡（今江苏宜兴市南），留下了《常润道中，有怀钱塘，寄述古五首·其五》的诗：“惠泉山下土如濡，阳羡溪头米胜珠。卖剑买牛吾欲老，杀鸡为黍子来无。地偏不信容高盖，俗俭真堪着腐儒。莫怪江南苦留滞，经营身计一生迂。”惠泉山下濡湿的泥土，阳羡溪头晶莹的大米，江南地方简朴淳厚的民风，给苏东坡很深的印象，甚至使他产生了归老于此的念头。“惠泉山下土如濡”，表明那个年代惠山泥人的产业已经大成气

▲ 民国时期无锡盛产泥人的惠山街市

▲ 1908 年，上海年轻的泥塑工匠用黏土制作的塑像

候了。

泥塑是一种古老的民间艺术，就是用黏土塑制成各种形象的一种民间手工艺。到了唐代，泥塑艺术达到了巅峰。宋元之后，历经明、清、民国各个时期，泥塑艺术一直流传不衰。泥塑需要经过制泥、翻模、脱胎、着色等工艺流程，古代就有“三分塑，七分彩”之说，艺人用天然的廉价材料能够做出精美小巧的工艺品，博得民众的喜爱，富有传统民间特色。但泥塑的工序却十分复杂，每一道工艺都需要娴熟的技巧与耐心。一个个泥人，从构思到创作、雕琢，直至成型，都凝结着泥塑匠人的心血，还有它蕴含的深刻寓意，反映了民间的智慧和审美情趣。

“不声、不响、不争、不抢”，并不是无所作为，不与人争，而是一刻不停地与自己争，勤勉精进，求学不止，这就是埋头苦干，热心公益的最好诠释。信然，唯有不争，所以天下反而不能与之争。这

▲ 20 世纪 30 年代，上海街头面塑匠人在捏面人，引来许多儿童观看

▲ 民国初年，江南一位制陶的匠人正在造型

▲ 1941 年，江南城镇上的捏面艺人在街上做面塑

就是一种气质、一种修养，更是一种美好的境界，恬和、安宁，如一泓秋水，映着明月。宁静，不是平淡，更非平庸，而是一种充满内涵的幽远，于静中触景，“于无声处听惊雷”。静能养生，静能开悟，静能生慧，静能明道……要想大智大慧，大彻大悟，必须由静做起。

“匠心”回归，不是说手艺人耻于谈钱。保持“匠”心，坚守古法、传承古意也不是说就是泥古不化，把以前的老物件“供”起来，而应该是在保留传统底色、坚持文化特色的同时，顺应历史规律、结合时代发展和新的生活方式，对传统文化进行创造性的转化和创新发展，从而将经济效益和文化价值统一起来。如今许多手艺人的行当，有的早已消失，有的成为非物质文化遗产，但这些手艺活有些依然在传承，就像江南无数河流小溪里的水一样日夜流淌，浸染着我们平静的生活。

十分质量十分苦

——手工巧心

人与动物的分离就是从“手”开始的，以手工技能或其他技艺为业的人，通常被称为“手艺人”。卢梭曾在《爱弥儿》中说：在人类所有的职业中，工艺是一门最古老最正直的手艺。工艺在人的成长中功用最大，在物品的制造中通过手将触觉、视觉和脑力相协调，身心合一，使人得到健康成长。

▲ 20 世纪 30 年代，上海路边笑容可掬的篾匠，他挑着担子走街串户，修复藤篮簸箕等物

世界是浮躁的，但手艺人是安静的。工匠精神是对他们的褒赞，但他们从不谈什么是“工匠精神”。“大巧若拙”，在日复一日、年复一年的手艺钻研中，默默地用双手承载起这个社会的温度，这就是手艺人对工匠精神做出的最好诠释。在手艺人身上，看不到急躁和慌张。他们对产品制作全情投入，在艺无止境的工作中，上下求索，一心只为创造出更好的产品或作品，即使用一生的时间去做一件事，亦无怨无悔、无惧无畏。

例如瓷艺的手工拉坯，这个行当全靠一双手的体悟与大脑的感悟，一直流传着“一坩二压三筛土，四踩五捏六入炉，七煽八杈九熏烤，十分质量十分苦”的民谣，从表面看，一个瓷艺手艺人反复从事拉坯的劳动，仿佛意味着固执、重复、缓慢和无趣，但其背后所隐含的是专注、技艺和对完美的追求。而且这种“苦”一吃就得许多年，也许就是一辈子。黑褐色的瓷泥染花了瓷工的手，他们的手指头却依然是轻盈的、灵巧的。

再如让无数珍贵古董增光添彩的锦盒制作，不同的器物用不同规格的大小锦盒包装，如玉器、铜器、印章、瓷器、字画等，因为锦盒具有防摔、防压、美观的作用，也增加了内在之物的价值。在苏州，就有锦盒制作的手艺人，每一步都需要纯手工，一个青花瓷盖碗定制锦盒，先得在海绵胎上画下文物的轮廓，用刀片小心翼翼地沿着轮廓裁剪出“坯胎”，放在硬纸板黏合而成的锦盒半成品内部，能够成功防止文物在锦盒中晃动。然后要将青花瓷盖碗底朝上，薄薄地糊上一层纸糊，等待纸糊干透，再在纸糊表面糊上薄丝绵，如此反复，总共要糊上三层纸糊、三层丝绵，干透后的模型十分坚硬，而且能够和瓷器的底部轮廓完全契合，精密度极高。这样的“素坯”要求十分严格，用料也很讲究，其中所使用到的胶水都必须是天然的黄鱼胶，由于提炼效率低，产量也较少，这样的胶水干透之后不容易脱落，与文物长期接触也不会对其产生腐蚀，是锦盒的专用胶水。

▲ 20 世纪 30 年代，上海街头补瓷器用品的手艺人

▲ 1947 年，上海的刻碑手艺人

除了制作工艺上讲究，锦盒表面锦缎的选择也十分挑剔。由于各个收藏家拿过来的文物古玩年代不同、颜色不同、质地不同，锦盒的制作也要“量身定制”，不仅造型上要大致符合文物所处年代的特色，表面锦缎也要与之呼应。这就需要锦盒制作者对文物具有相当的研究功底和美学素养。从设计、拓模、填充，一个普通

的锦盒制作需要40—50个步骤，平均需要花费大半个月的时间。漫长岁月里，锦盒手艺人见过无数的奇珍异宝，汉代的青铜器、北宋的瓷器、明清的砖雕等，每一件文物都价值不菲，但他总要考虑这件文物适合什么造型的锦盒，才能最大程度展现出它的精致。

手艺、手易、守不易。对于手艺人来说，手艺比金钱更重要，传承比权势更重要。手艺人怀着对手艺的信仰，不畏艰辛，默默坚持，将手艺一代代传承下去。有人说历史的车轮没人能挡住，手艺人赞同；有人说现在做手艺越来越难了，手艺人赞同；有人说这些手艺已经过时了，手艺人绝不赞同。因为每一个负有使命感的手艺人，从来不会固守传统，他们放眼现在和未来，索求时代的文化精神和需求，钻研和完善手中的工具和技艺。他们深深明白只有在保留传统的同时，不断创新，才能更好地传承，只要有这样的手艺人存在，手艺就永远不会过时。

“荒山劈路，焉知其工夫之劳？玉器雕成，谁识那匠心血泪？”手艺人的艰辛往往很少为人所知，手艺人的努力常常被外界所忘记，唯有凝聚着工匠精神的手艺作品，会不断地在光阴辗转中历久弥新。传统手艺的背后，是智慧和审美的双重体现。社会的发展，人类的进步，自然资源的减

▲ 1945 年，上海路边杆秤摊的制秤师傅，正在制作秤杆刻度

▲ 20 世纪 40 年代，嘉定州桥街头的竹编篮子摊位

少，科学技术的革命，人类的生存技能会发生本质的变化，给人类提供更好的生活空间。然而，旧的生产技能消失了，新的随之诞生，因为人还在，手艺还在。

不让外人专垄断

——引进机器

五口通商之前，腐朽的清廷对西方的“洋货”表现出很是矛盾的态度，这个时候宫廷里的洋货，更多的是奢侈品，如自鸣钟，“自鸣钟表皆出自西洋，本朝康熙开始进中国，今士大夫家皆用之”。到了清道光初年，凡带有“洋”字的物品一下子又成为高端大气的代表。道光年间，凡物少极贵重者，皆谓之洋，重楼曰洋楼，彩轿曰洋轿，衣有洋绉，帽有洋筒，挂灯名为洋灯，火锅名为洋锅，细而至于酱油

▲ 19 世纪 70 年代，南京金陵机器制造局官员在观看武器生产

▲ 1863 年，迁往苏州的上海洋炮局，是当时中国首家大规模使用机器进行生产制造的工业企业

之佳者，亦呼洋秋油，颜料之鲜明者，亦呼洋红、洋绿。大江南北，莫不以洋为尚，清代著名小说《红楼梦》中，贾府里就出现了大批的“洋货”。然而，一部分顽固守旧者，却对此不以为然，他们认为这是西方人的“奇技淫巧”，清嘉道年间的桐城派重要作家之一的管同，就专门撰写了《禁用洋货议》一文，其中写道：“凡洋货之至于中国者，皆所谓奇巧而无用者也。”管同眼中这些无用奇巧的“洋

货”乃是洋人“坏我人心，掠我资财”，乃至于夺我天下的“谋国”之举。这大抵是当时最极端的看法，但也代表了当时部分士大夫阶层对这股社会新风潮的忧虑。

但也有一些先进的中国人，例如撰写《海国图志》的魏源，他已然注意到西洋器械的先进性，而将洋货称之为“有用之物”。他认为如“量天尺、千里镜、龙尾车、风锯水锯、火轮机、火轮舟、自来火、自转碓、千斤秤之属”这些出产自异国的器物，“有益民用”。对“洋货”“奇技淫巧”要拆分开来，“有用之物，即奇技而非淫巧”，就应当大力学习，这也就是有名的“师夷长技”。可惜的是，魏源的主张当时并未引起社会的积极回应。直到两次鸦片战争后，有感于洋人的强大实力，人们才开始对机器生产有了切肤之痛般的认识。

▲ 1865 年，上海江南机器制造总局炮弹厂设立，图为炮弹厂的翻砂车间情景

▲ 1897 年，李鸿章在上海创办的上海机器织布局，提高了棉纺业的生产效率

第二次鸦片战争以后，西方列强凭借《天津条约》《北京条约》，不仅继续在通商口岸大量销售洋布、洋纱，而且不断向中国内地渗透，行销日广。19世纪60年代至19世纪末，外国输入中国的棉纱和棉布日渐增多。洋纱以其质优价廉很快挫败土纱，成为中国手工织布者的首选之物。这样一来，手工纺纱者大量减少，手工织布者在洋布的冲击下也日渐减少，中国的手工棉纺织工业不再依赖农业。其结果是，农民劳动力大量过剩，手工业者成群破产，大批原来纺纱织布以自给的人，成为纱、布的消费者，商品市场上的纱、布流通量扩大了。这种严峻的形势对国内经济产生严重的冲击，从而唤

起人们的觉悟。

鸦片战争后，机器生产的物美价廉的洋货，由通商口岸大量进入中国内地，对传统手工业造成巨大冲击，例如老百姓平时使用的针头线脑，本土生产的针，其制作需要把铁丝磨细、锉尖，然后再一个个地钻针眼，针杆粗，针尖钝，而且不耐磨损。而从西洋输入的机制洋针，针杆细，光滑而坚硬，针尖锐利，缝制起衣物来远比土针好用。价格方面，洋针最初价格要高于土针，但到了1870年前后洋针的价格已然大幅下降，比本土生产的针要便宜得多，此时洋针已然完全取代了土针。洋货的大量输入，使洋务派官僚深感不安，他们认为长此下去，必定造成财源不保，白银外流，认为只有购置机器，设立布局，才能保我利源，堵塞漏卮。为此，李鸿章积极筹建上海机器织布局，创办了中国第一家近代棉纺织企业。洋务派官僚张之洞在湖北先后建立了湖北纺织四局，分别是湖北织布官局、湖北纺纱官局、湖北缫丝官局和湖北制麻官局。

19世纪末，欧洲的花边、绒线编结等工艺传入中国，江南地区因近海之利，较早地接触到西方工艺。他们被迫采用新的生产方式，把舶来的欧洲工艺机器与传统织绣工艺结合，发展成为具有民族特色的工艺品种。晚清上海有竹枝词这样写道：“轮船减价货争装，局设招商是保商。不让外人专垄断，经营经济策都良。”这些词句反映出晚清时西方列强经济侵略的加深，整个江南地区经济结构出现了变动。西方近代纺织技术所带来的经济效益对一些买办、地主、商人和手工工场主产生了极大的吸引力量，他们认为，兴办纺织工业必须机器生产，或是仿造纺织机械，或是直接投资购买西方机器办厂，促成了民族资本纺织工业的兴起。

▲ 1942 年，上海造币厂工人为机器投料加工制作金属硬币

▲ 江南机器制造总局建成后，因虹口厂地房租价银过高，1867 年 5 月，从虹口移设城南高昌庙

工厂海船诸铁器
——江南制造

中国制造业的崛起，既是一个自然的“生长过程”，又是一个自觉的“成长过程”。这里说的“江南制造”，不是说江南地区的机器制造业，而是当年清代洋务派首领李鸿章在上海创办规模最大的一处军工企业——江南机器制造总局，历史上还有一些名称，如江南制造局、江南机器局、上海制造局、上海机器局，指的都是这个官办的军工企业。上海有黄浦江与苏州河，发达的航运和物流为上海的城市化进程做出了重要贡献，也为沿河工业文明的产生、发展和繁荣奠定了基础。晚清上海有竹枝词描述：“金杂货盈有洋行，各式奇珍进口忙；工厂海船诸铁器，名驰遐迩广消场。”“工厂海船诸铁器”一句，堪称对江南制造局业务能力的描述。

经历了两次鸦片战争和太平天国运动的大清王朝，终于在19世纪60年代开始摇摇欲坠，大厦将倾，为了挽狂澜于既倒，清廷一些倾向于革新图强的洋务派官僚，恭亲王奕忻和曾国藩、左宗棠、李鸿章等，发起了购买和仿造洋船洋炮、加强军事实力的洋务运动，兴办了一批近代军事工业。江南机器制造总局就是其中最重要的一个项目。

说起江南机器制造总局，不能不提李鸿章率领淮军与太平军作战，这场战争，使李鸿章认识到了“炮火绝妙精厉”的西洋枪炮的厉害，他就开始谋划筹建自己的兵工厂。 1863年春，他先是在上海松江一所古庙里，建立起一个只有榔头、锉刀、泥炉和50名工人的上海洋炮局。1865年曾国藩、李鸿章委派苏松太道丁日昌购买美国人佛尔士在上海虹口办的旗记铁厂作为厂址，将炸弹三局中的丁日昌、韩殿甲两局并入，丁日昌兼任总办，韩殿甲和冯焌光分别任会办和襄办，美国人佛尔士任总监工。后又接收容闳从美国购回的100多台机器而创建起了江南机器制造总局。

▲ 1909—1911 年，江南机器制造总局枪子南厂机器房

▲ 江南机器制造总局造炮的机器

原厂地处虹口租界内，发展空间非常有限，因此李鸿章等人早有“择地移局”之意。百般挑选之下，上海城南高昌庙濒临黄浦江的地方，成了迁厂的首选地点。1867年在上海靠近黄浦江边的制造局路与局门路、高昌庙路（今高雄路）、广东街（后改名炮厂后街）交错围绕，圈划出江南机器制造总局这片中国近代史上内涵独特的地域。其后，不断购地扩建，建有机器厂、洋枪楼、锅炉厂、铸铜铁厂、轮船厂、木工厂等，另在陈家巷设火箭分厂。从1869年起，又增添机器，购买土地进行扩建，相继建成制枪厂、汽锤厂、炮厂、炮弹厂、水雷厂、炼钢厂等，在龙华建黑色火药厂、栗色火药厂、无烟火药厂和枪子厂等。

为培养技术力量和传播科技知识，江南机器制造总局附设有广方言馆、翻译馆、工艺学堂。广方言馆原是李鸿章于1863年奏设的上海语言文字学馆，1869年并入江南机器制造总局，每期招生80名，开设国文、英文、德文、算学等课程，四年毕业。翻译馆聘请英国人伟烈亚力和美国人傅兰雅、玛高温等传教士翻译西书，局中徐寿、徐建寅、华蘅芳、华世芳等参加翻译和整理工作。1868年至1907年，翻译馆共译西书160种1 075卷，这些译书对帮助了解西方文化，特别是了解科学技术的发展起了重要作用。工艺学堂设于1898年，由广方言馆裁撤改设，后改为兵工学堂，学习国文、英文、算学、绘图、化学、机器等课程。培养的学生，大抵成为工业制造业的骨干人才，在中国制造业技术力量方面起了一定的“母机”作用。

民国成立后，江南船坞更名为江南造船所， 1918年，江南造船所承造美国政府的4艘万吨级木甲运输舰，两年后完工交货。这是中国造船业有史以来的最大工程，又是工业发达国家的首次政府订货，中外报刊竞相报道。

从1865年，清政府购买上海虹口的旗记铁厂，组成江南机器制

▲ 1911 年，上海革命军占领上海江南机器制造总局，图为当时江南机器制造总局仿城门的建筑

造总局，后造船业务独立的江南船坞，历经变迁，20世纪50年代初改名为“江南造船厂”，在沧桑岁月中几经沉浮，但与国外现代工业始终保持着相对紧密的联系，工程技术和制造水平一直处于中国前列，代表着民族工业的发展水平。中国第一台工作母机、第一门后膛火炮、第一支后膛步枪、第一艘兵轮、第一炉钢水、第一磅无烟火药都是在这里产生的，它是中国近代工业发展中最有影响的一座综合性制造工厂集群。新中国成立后，江南造船厂铸造了无数国之重器，新中国第一艘万吨巨轮、第一台万吨水压机、第一艘潜艇、第一艘护卫舰、第一艘驱逐舰、第一代远洋测量船等都在这里面世，填补了我国工业史上一个又一个空白。

▲ 1869 年建成的江南机器制造总局汽锤厂，可制造炮身，1879 年改为炮厂

入户穿街灯遍设

——供电流光

近代城市化发轫之初，各地城市的家庭，几乎差不多都是在“黑暗中摸索”，家庭的照明大抵用油盏灯。上海租界设立之初，外邦西人寓居沪上，开始引进煤油灯，也叫火油灯。同样大小的火油灯灯头，其亮度是油盏灯的4—5倍，价格也较一般油盏灯便宜，且安全方便耐用。

其时，欧美西方列强国家已广泛使用煤气照明。来沪居住的外侨无法接受“弄黑街阴”的局面，纷纷倡议在上海生产和供应煤气。1862年7月，大英自来火房正式成立。1865年9月，煤气厂建成投产，11月1日开始向用户供气。在工部局的配合和支持下，大英自来火房在租界内的主要街道两旁安装了煤气路灯。继公共租界之后，法租界公董局也于1865年初发起成立了法商自来火房，并着手筹集资金，购地置产，埋设管道，采购设备，于1867年3月建成投产，开始供气。法租界各主要马路都安装了路灯，由于煤气照明具有清洁、便利、亮度高等优点，由此迅速得到推广，中国人俗称煤气灯为“地火”“赛月亮”，使租界展示出“凿地金莲生万朵，烛天银粟照千家”的繁华夜景，煤气路灯改变了上海人的作息习惯和对时间的感觉，上海有不夜城之称，盖自此而始。

煤气灯照亮了城市的街道，一定程度上提高了公共安全，减少了犯罪，也使得城市居民的夜生活更加丰富。人们夜间出行变得更为便

▲ 1882 年，上海开始有了电灯。图为当年外白渡桥电线杆的路灯

利和安全，商店、剧场、公园等场所的夜间活动也因煤气照明得以更好地开展。起初，由于煤气成本较高，只有富有人家、一些商业场所（如商店、银行等）和公共建筑（如教堂、学校等）才能使用煤气照明。后来随着技术发展和成本降低，普通人家也逐渐有能力使用。在家庭中，客厅、餐厅等主要房间会安装煤气灯；商业场所使用煤气灯则有助于延长营业时间，促进商业活动。

不过，随着电灯的发明和推广，煤气照明因其存在亮度相对不足、需要定期维护等局限，逐渐被电灯取代。中国第一盏电灯于1879年5月28日在上海亮起。当时，在上海公共租界工部局工作的英国电气工程师毕晓浦（J.D.Bishop），在虹口乍浦路的一幢仓库里，以10马力（7.46千瓦）蒸汽机为动力，带动自激式直流发电机发电，点亮了碳极弧光灯。这盏灯虽不是实用的白炽灯，但宣告了电灯在中国开始投入使用。

1882年，英国人立德尔牵头创立上海电气公司，并在南京路31号A的老同孚洋行仓库（今南京东路江西中路西北角处）建设了中国第一家发电厂——乍浦

▲ 清末上海租界马路上安装的煤气街灯

▲ 上海杨树浦发电厂建于1911年，是当时远东最大的火力发电厂。图为杨树浦发电厂的大烟囱

电厂。同年7月26日晚7时许，外滩一带约6千米多的路段上，15盏弧光灯齐亮，每盏亮度相当于2000支烛光，吸引数万市民围观，这些弧光灯被称为“奇异的自来月”。夜幕下，炫人眼目的弧光灯吸引了成百上千的市民翘首围观。这15盏电灯标志着一种新的能源在东方大地放射出光芒，明白无误地照亮了一个新时代的来临。

上海电气公司的诞生及电灯运用于城市照明，标志着中国电力工业从上海起步，这一时间仅比全球率先使用弧光灯的法国巴黎火车站晚了7年，比日本东京电灯公司早了5年。

▲ 20 世纪 30 年代中期，上海用于维修路灯电线的特种工程车

▲ 1939 年，杭州西湖边长廊里安装路灯，以便夜间照明，指引游人

电灯照明的优越性为上海市民所认识，用户迅速增加，其公用事业性质充分显现，至1900年，发电设备总容量已达576千瓦，电扇、电梯、电动机开始广泛应用，用户装灯近9万盏。数年后电站规模再次扩大，装置了全国首台800千瓦汽轮发电机组，供电达4 400千瓦。同时，上海民族电力工业也开始崛起，先后创建了南市电灯厂和闸北水电公司。中外四家电力公司已初具规模，电力除用于路灯照明外，还供应工厂用电和电车等用电。

《洋场竹枝词》所收的竹枝词作品，对于煤气灯与电灯的生活照明，用于市民生活用电现代化的描述，可谓连篇累牍。《供电》篇云：“广连铁管到围场，灌足煤烟地下藏。入户穿街灯遍设，一经开点火生光。”在经过煤气灯、弧光灯阶段的路灯照明后，至1916年上海路灯已全部使用上价格低廉且稳定的白炽灯。1925年起，开始采用220伏路灯。至1949年，全市共有路灯18 356盏，大都安装在繁华地区和主要干道。

昼持旗帜夜灯笼

——消防火政

近代以前，尤其是明清时期，江南各城市的消防，官方重视不足，尚未建立起完备的消防机制，民间自发开展的消防相关行动，如集资购置救火器具、组建救火队伍等，虽展现出一定的主动性，却因缺乏统一规划与资源支持，难以构建起健全的消防保障体系。清末政权衰弱，官方也无力供养一支足够强大的消防队伍，很多民间救火组织便应运而生。这些救火组织名称繁多，如水龙局、水局、水会、水社、水车公所等，主要是由一些慈善机构资助。随着近代城市化的发展，人口日益集中，各种公私建筑鳞次栉比，火灾已成为危及城市居民生命财产安全的重要隐患。在火舌漫卷的晚清上海，单靠传统民间消防组织，显然已是力不从心了。

▲ 晚清时期的上海警署和消防瞭望塔

▲ 晚清上海官办的消防机构，俗称“救火会”

一般城市民居，砖木结构的平房为多，城内还有不少棚户，城郊的农户，屋内外柴草堆积，稍有疏忽，便易招来火灾。遇上秋冬的晴燥天气，有时竟一日数惊，“当当当”的报警急锣声和解警慢锣声此起彼伏。民间消防组织主要的灭火器具是一种俗称“水龙”（从日本引进）的人力水泵，救火时，四乡八邻的挑水夫将就近取来的水不断地朝桶内倒，另有两人或四人不停地上下推拉水泵的杠杆，抽上来的水沿水带而喷射到失火处。这种水泵比水袋、唧筒的喷水量大得多，且可以不间断地喷水，它与传说中天上会喷水的龙有点相似，于是被叫作“水龙”，接水的带子被叫作“水龙带”，喷水头子被叫作“龙枪”，救火队员则称为“龙夫”。

一旦传来火警，轮值坊的龙夫们立即快速集合，携带器材后鸣锣奔赴火灾现场进行扑火。事后，有所谓“吃龙粮”的习惯，即给龙夫们一点薄酬，分“全肩”（到达灾户处）与“半肩”（火警已解，中途返回）两种。消防的开支均由当地富商捐助。每年清明节迎神赛会时，龙夫还要“当差”去抬菩萨。农历五月二十日为“水龙日”或“分龙节”，要举行水龙会，趁此演习灭火操作与维修设备。晚清有竹枝词说到“救火队”云：“水会名称各不同，昼持旗帜夜灯笼。救灾伍善急公益，角胜偏生械斗风。”“夜间失火小锣鸣，耳内喧阗一片声。各会灯笼花样巧，光辉五色亘天明。”

租界近代火政机构的出现与完善，为华界消防的近代化提供了一个现成的模式。租界上的自来水管道相继铺设，加上自来水公司在租界的主要马路旁，建了我国城市建设中第一批海亭（消防龙头），从而使蒸汽机消防车成为当时火灾的克星，也为消防器械快速实现机械化提供了有力保证。清同治五年（1866）七月，租界工部局火政处就成立了第一支救火车队，然而，租界控制下的救火车队，对租界外的火灾大多不予理睬。为自保自救，到1907年，华界南市救火会已达30余个，分布于各行业和各街区。但这些救火会各自为政，常在救火过程中互争水源，发生冲突。为了改变这种状况，地方绅士李平书等头面人物出面，组建了救火联合会（消防公司），协调华界各消防社团的行动，并于次年从美国购进第一辆以内燃机为动力的马达消防车。

▲ 1910 年，建于上海小南门的救火联合会警钟楼

▲ 20 世纪 30 年代，上海黄家花园的消防车队出发情形

华界消防力量得到提升。

▲ 1930 年，上海虹口消防队的消防演习，正在举行高空消防作业

1910年6月18日，在华界小南门董家渡路中华路口落成了一座当时城厢内外最高的建筑物——望警钟楼，这个消防塔楼，成为发现全城火警的有效工具。华界消防火政除了救火器具的更新换代，更注重学习工部局火政管理方式，曾多次举行救火队伍检阅、游行和表演，以推动队员训练和装备保养，提高消防地位。作为消防系统的关键步骤，火警的报警也经历了警钟、电铃、电报、电话机和组网几个阶段。

1937年全民族抗日战争爆发，上海沦为孤岛，城市消防几近瘫痪。1943年7月，在日本人的操纵下，英法租界的火政处合并，把消防处编入城市防空指挥部序列。但在消防布局、消防装备等方面，并没有实质性改进，只有华界的沪南区救火联合会，保持了良好的车辆等物质装备，继续从事各项消防工作。1946年3月，市政当局为加强对消防警员的管理，成立了上海市警察局消防总队。1949年上海解放，消防事业重新回到人民手中。6月2日，上海市人民政府公安局成立后，消防处又成为其下属7个处之一，新上海的消防事业重整旗鼓，呈现出一派崭新局面。

火政是水龙会的现代转型，包括消防设备、消防组织的转型与发展，使城市社会的消防功能趋于健全和完善，火患得到有效的控制，城市公共设施和市民生命财产的安全系数大大提高。

地藏铁管达江中

——给水设施

千百年来，祖祖辈辈喝的都是江河水或地表水。充足而清洁的供水是城市文明的关键因素。古代的城镇早已出现了引水、蓄水的相关设施。在自然经济条件下，人口密度较低，自然水系也大致能够满足民众的生活需求。

上海开埠后的情况就大不一样了，西人大量来沪，经济活动发展后，人口迅速膨胀，城市规模急剧扩展，水质污染问题日趋严重。受潮水涨落的影响，江河水中含有泥沙，虽可用明矾澄清，仍然有腥臭气味。一些外侨喝不惯夹有海水咸味的黄浦江或苏州河水，只好在租界内开凿深井获取饮用水。外侨在租界纳税人会议和《北华捷报》上呼吁兴建自来水厂，得到租界工部局的回应。为选择洁净良好的水

▲ 建成于 1883 年的杨树浦水厂

▲ 上海开埠后，一些居住区长期缺乏供水设施，用水存在诸多不便。图为 1945 年上海龙华市民排队领取饮用水

▲ 1901 年上海街头的给水点

源，工部局卫生处从黄浦江、苏州河、淀山湖选取12个取水点采集水样，送英国伦敦皇家化学学院检验。检验结果，12个取水点的水质都优于同期英国泰晤士河水，属于可利用的软淡水，其中以黄浦江和淀山湖水样质量最好。这是上海历史上有案可查的第一次水源水质调查。

出于公众健康和租界内社会经济发展的需要，19世纪70年代中期以后，工部局即开始筹建供水系统。1879年，英国商人麦克利·沃特向上海公共租界工部局提出建造自来水厂的建议，当年在伦敦成立上海自来水公司筹备委员会，取得了在上海开办给水工程的专营权，第二年正式组成“上海自来水股份有限公司”。1883年6月，一座现代化的自来水厂在杨树浦竣工。落成放水那天，公司特地请来北洋大臣李鸿章参加放水典礼，由他开启了引入黄浦江水的闸门，把水放进水池，从此杨树浦水厂的机器开始转动了。近代中国城市的供水史，就是在杨树浦水厂哗哗的流水声中翻开了第一页。

▲ 1924 年商办闸北水电股份有限公司在宝山县（今属上海市杨浦区）殷行乡建造的给水塔。图为 1937 年影像，该塔至今尚存

▲ 1948 年上海底层民众在给水站前洗衣服淘米

从20世纪初起，法租界的用水，一直都由英商杨树浦水厂供应，市政用水每年要向英商交纳定银，居民用水则由法公董局在所收房捐总额中抽出八分之三作为水费。为使自己用户的供水得到保证，杨树浦水厂每天只向法租界定时供水两次，但供应的水量难以满足法租界的用水，使得法租界居民怨气丛生。法英双方为此也多有交涉，因交涉过多，双方龃龉就时有发生。于是，法租界公董局于1895年7月在董家渡以9 968两银购得土地77亩，开始筹建水厂。1898年3月开始动工。因董家渡水厂离开法租界约有4 000米，得到上海道台同意，敷设水管穿越华界到达法租界，1898年铺成自董家渡经机厂街沿外马路至新开河一号水塔的水管。1902年1月法商自来水厂建成。1908年5月，因经营不善，法公董局将水厂转让给法商电车电灯公司接办，这以后近半个世纪的时间里，它就一直被称为“法电董家

渡水厂”，一直到1955年4月，才改名为沪南水厂。

上海人普遍感到自来水水质甜美，取用方便，由衷赞叹：“地藏铁管达江中，曲折回环室内通。更置龙头司启闭，一经开放水无穷。”自从自来水在租界普遍使用后，老城厢内的中国居民也对能用上自来水，翘首以盼。1897年1月，经上海道台刘麟祥批准，上海商人曹骧推举粤商、怡和洋行买办唐荣俊、杨文俊集资在城厢开办自来水公司。为了区别于英法租界内的自来水公司，取名为“内地自来水厂”。这是上海第一家由中国人自办的自来水厂，也是我国自办自来水厂的肇始。

闸北老水厂建成通水不到17年，1924年8月4日商办闸北水电公司成立，9月1日正式接收水厂和电厂。公司在殷行乡军工路闸殷路旁购地150亩建新厂。经过近两年的规划建设，新水厂于1928年5月建成供水，供水量1.6—1.8万立方米/日。如今在当地还留下有庙宇式的建筑和宝塔状水塔。

上海早期供水除外侨和少数公司接水进户外，普通市民难以享受到这个待遇，一般都是由街道水龙头（给水站）售水，还得有挑水夫送水到用户家，水费按路远近计算，一般在4—10文钱之间。新中国成立前上海各自来水公司都有专门机构负责供水管网的排设、检修养护和管理。全民族抗日战争爆发后，南市沦陷，水厂不得不停止供水，并被日伪中华水电公司占据。抗日战争胜利后，水厂各项设施得到逐步完善，收支渐渐趋于正常。

西洋贾舶日纷驰

——家用电器

18世纪60年代人类开始了第一次工业革命，并创造了巨大的生产力。从19世纪下半叶到20世纪初，欧美主要国家先后发生了以电力取代蒸汽动力的第二次工业革命，生产力获得空前的发展，科学技术在推动人类社会发展中的作用越来越大。电力的广泛使用，改善了人们的生产生活条件，各种家用电器的发明与创造，汽车和飞机的问世，提高了社会生产力，扩大了人们的活动范围，这一切都强有力地证明了人类已进入电气时代。

▲ 民国时期的台灯，华丽典雅

据说，“电”这个名词最初是由希腊语“琥珀”转来的，人类最早发现的电现象是摩擦起电。公元前6世纪前后，古希腊贵族妇女外出时都喜欢穿柔软的丝绸衣服，戴琥珀制成的首饰。琥珀是一种树脂化石，色泽鲜艳，是当时较为贵重的装饰品。但不论擦得多干净，它很快就会吸附灰尘。有个叫泰勒斯的希腊人，经过仔细地观察和思索，发现用丝绸摩擦过的琥珀确实具有吸引灰尘、绒毛、麦秆等轻小物体的功能。于是，他把这种不可理解的力量叫作“电”。

▲ 民国时期德国进口 AEG 牌电风扇

在举世闻名的爱迪生发明灯泡前就已经有发电机了。1660年居里克建造了世界上第一台转动摩擦发电机，不过产生的是静电，难以投入生产和生活实用。到1800年，意大利物理学家伏特发明了世界上第一块电池。1821年英国物理学家法拉第发明了世界上第一台电动机。虽然装置简陋，但它却是今天世界上所有电动机的“祖先”。1831年法拉第还发现当磁铁穿过一个闭合线路时，线路内就会有电流产生，这个效应叫电磁感应。从此人类进入了电器应用时代，各种实用电器开始纷纷涌现。1879年美国人爱迪生发明了世界上第一个实用的白炽灯泡后，各地的发电厂迅速发展起来。

清末佚名《洋场杂咏》竹枝词写道：“西洋贾舶日纷驰，风俗欧洲认往时。广得新诗当小记，瀛堧闻见愈矜奇。”这首竹枝词记述了西洋家用电器大举进入中国市场的情景。家用电器，又称“民用电器”“日用电器”。家用电器的问世，使人们从繁重、琐碎、费时的家务劳动中解放出来，已成为现代家庭生活的必需品。

美国被认为是家用电器的发祥地。据说，1882年，美国纽约的克罗卡日卡齐斯发动机厂的主任技师休伊·斯卡茨·霍伊拉，最早发明了商品化的电风扇。第二年，该厂开始批量生产，当时的电风扇是只有两片扇叶的台式电风扇。1908年，美国的埃克发动机及电气公司，研制成功世界上最早的齿轮驱动左右摇头的电风扇。20世纪初，美国人理查森发明的电熨斗投放市场，电熨斗看似小型家用工具，却成为20世纪初“技术改变生活”的缩影——不仅革新了家务

▲ 上海华生电器制造厂的工人在车间里作业

劳动模式，更推动了电力普及、制造业升级，并促使其他家用电器相继问世。因此，人们认为美国的家用电器发轫于电熨斗。1907年，具有现代产品雏形的吸尘器问世。1910年，世界上第一台压缩式制冷的家用电冰箱在美国问世。1914年电灶出现。1925年，瑞典丽都公司开发了家用吸收式电冰箱。1927年，美国通用电气公司研制成功全封闭式电冰箱。1930年，房间空气调节器问世。1937年，全自动洗衣机研制成功。从此，电气类产品的产量迅速增长，品种不断增加和更新。

还是说说中国人都知道并且倾注有深厚感情的“华生”牌电风扇吧，“华生”是我国最早使用的电风扇商标，它的诞生很是传奇，它既不是由哪位电器专家首创，也不是某位机械工程名家研发，而是由一位平时工作和电器、机械等专业技术毫不相干的账房先生杨济川研制出来的。杨济川结识上海威灵洋行职员叶友才、久记木行跑街袁宗耀，他们三人集资仿照美国奇异公司的电风扇自制电风扇，请白铁铺和翻砂作坊制作扇叶、底座，很快试制成功第一台中国人自己制造的电风扇。试制成功后，杨济川筹集到几百两银子，在上海四川路横浜桥，开设了我国第一家家用电器制造厂，厂名取为“华生”是源于1925年上海爆发的“五卅惨案”，“华生”寓意“中华民族更生”，并打出了“首创国货、保用十年，维修免费”的口号，以此表达抵制洋货的决心和信心。

▲ 20 世纪 40 年代，开司令热水机广告

▲ 民国时期的亚浦耳电（灯）泡、电扇广告

第四章

服务于商业都会的各色人群

上海自开埠后，从滨海县城崛起为繁华的商业都会，吸引了五湖四海的移民。先是临近的江浙吴语区人群，苏北及其他各省市人员纷至沓来，甚至世界各地的传教士、商人等也涌入其中，形成华洋杂处的格局。上海人来自四面八方，不仅不排斥对方的文化传统，而且能相融、相处，安然无恙。

中国式的人情社会是由一张细密的权力网络构成的，它不依靠一种超越性的宗教、法律的力量运转。随着商业的发展，黄浦江岸洋行街店铺林立，东门、南门外商肆、娱乐设施兴起。上海人秉持包容心态，融合各方文化，借助私人关系网络，适应了新潮与传统的碰撞，营造出有容乃大的城市氛围。现在许多人喜欢西方人说的什么“公共领域”和“公共空间”等概念，其实，上海人倚重的只是私人领域的扩展，以及种种密切的人际关系。

全民族抗日战争时期，大量难民和失业者涌入，“地摊经济”应运而生。众多市民靠摆摊维持生计，旧货市场、小吃摊、蔬菜瓜果摊等随处可见。据统计，英美租界有六千户有照旧货摊贩，无证摊贩则是不计其数，其中还包括不少犹太人经营零售产业。小吃摊在交通便利、商业繁华区数量众多，馄饨摊等深受欢迎。《图画日报》上登载了上海馄饨摊的“盛况”云：“大梆馄饨人人敲，码头担子肩上挑。一文一只价不贵，肉馅新鲜滋味高。”

除地摊经济，商业服务业也持续发展。上海成为文化中心，报业和出版业繁荣，为文化人提供收入渠道，不同阶层居住空间产生区隔。同时，上海作为远东最大的国际性都市，广告业也迅速发展。20世纪20 年代，中国第一家广告公司在此诞生，随后多家广告公司相继入驻，专营路牌广告的公司也随之出现，“荣昌祥广告社”凭借优质服务声名远扬。

此外，不少人选择经营“无本生意”。算命先生在大世界附近摆摊，生意火爆；剃头、修脚等行当则对个人手艺要求颇高，从业者需懂得推销自己，才能立足谋生。

在民国时期，怀揣不同目的来到上海的人们，在这座繁华与糜烂并存的城市里，形成了独具特色的生活方式，构成了上海丰富多元的商业生态与社会风貌，也为日常生活史研究提供了生动且丰富的素材。

▲ 20 世纪 30 年代初到上海的一对父子，刚从十六铺码头抵达上海，正在附近寻找落脚处

春申翻作小桃源

——移民特质

近代上海文明起源于吴越文明与江南文化，其居民主要来自江南周边地区，自然根基不深，易与外来文化、外来思想融成一片、和谐相处。就以上海的人口而论，清道光年间，人口仅50多万，差不多等同于我国其他地方的一个县城。从1854年到1865年，外滩源区域的道路建设，可以说是早期马路建设的第一阶段。马路的命名采用了“东西向道路用城市名，南北向道路用省区名”的原则，据说是借用了1863年英租界确定的命名办法。

上海开埠后人口大幅度增长，到20世纪初，人口已超过100万，20年代末，已达300多万人。据1930年人口统计，当时全上海320万人，大部分是四处八方集合来的，土著之民，不过四分之一。从国内各省论，以江苏、浙江两省最多，其次为广东省。外国人有20多个国籍，以日本人为最多，其次为英国人。至全民族抗日战争爆发，上海人口竟接近400万。到1949年中华人民共和国成立前夕大约有

420万人。

上海人口的扩展与增加，一为战乱之故。开埠之初，实行“华洋分治”，19世纪50年代太平军起，小刀会起事，占据上海县城，城内居民，纷纷到租界避难。外侨无法拒绝，遂开“华洋杂居”之例。这么多人口聚集在面积如此狭小的租界里，就必然造成商业性的巨大消费，店铺林立，货如山积，构成繁荣的商业网。繁华的景象以南京路为冠，服务性行业，娱乐行业亦极发达，舞厅、赌台、妓院、戏馆、游乐场、夜总会等，纷然杂陈，各地达官贵人，作寓公在沪上逍遥享受，即使往日素不相容的政敌，也往往复聚于此，道左相逢，亦只是掀髯一笑，往日嫌隙尽消，因此，清末刘豁公《上海竹枝词》，“大地已无干净土，春申翻作小桃源。腰缠千万扬州客，道左相向一笑温”，说的就是这种情形。在高度都市化的过程中，市民文化和阶层在不断演变，大致分为资本聚集的资本家、中产阶级和底层劳动人民等阶层。

▲ 全民族抗日战争期间，中共上海地下组织和爱国人士合作，以移民垦荒的名义，将第一批 700 余名青壮年难民转送内地参加新四军或其他抗日武装

▲ 1937 年上海渐渐从一个旧式的城市发展成一个现代化城市，图为高收入人群的生活状态

开埠最早的上海，率先冲破了中国传统的商贸坊市体制，从而造成了众多露天职业在此萌生与发展的优越条件。数量相当庞大的读书人开始从乡村转向城市，尤其是接受过新式教育的读书人，出于谋生的目的，他们也得在城市中留下来。在当时的上海，在这个对大多数读书人来讲都是陌生且新奇的西方化都市中，混迹仕途或商场的士人显然可以凭借手中的权力与资金打造关系网络，并庇护投靠者；而对小知识分子来讲，也只能是通过智慧与技巧在上海另谋出路，打造属

▲ 1937 年初到上海的外乡人成为新的上海移民

于自己的圈子与网络。

▲ 五方杂处的移民好奇地注视着上海这座日新月异的城市

如果说传统社会中的士人所依托的是乡土社会，依托他们的血缘、乡缘打造自身的人际网络，那么在生活相对独立的城市中，在社会交往层面，聚焦于人、事所体现出的利益关系往往具有浅显性的特征，从而使得人际关系更倾向于事本性、匿名性的原则。正如《申报》所言："虽同居一巷，而彼此姓名不知，见面不识。"这种陌生人的社会特征，降低了社会背景对人的影响，使得操着乡音的外来人在上海更能发挥聪明才智，它们是上海市民社会生活的一个构成部分，也是旧上海风情景观的一大特色。海派文化就是以近代上海开埠以后的城市发展为时代背景，在江南文化深厚积淀的基础上，积极吸收和融合各种新的文化滋养而形成。

层楼栉比路纵横

——马路生意

上海开埠后，上海的"马路"更是风光无限的大市场。毛细血管般的马路，也为商业的生长提供了便利的条件。各种各样的市场，是应有尽有，目不暇接。至于为什么上海人称行走的路叫马路，有两种说法，一说是开埠之初，英国侨民建跑马厅，增筑马道一条，专供赛马使用，因此被上海居民称为"马路"；另一说工业革命期间，英国人约翰·马卡丹设计出用碎石铺路，马卡丹道路修建法传到中国，中国人便以"马卡丹"的音译简称，俗称"马路"。两相比较，应该说第一种说法更为可信。

早先的马路一般也不长，除了为人们提供基础的出行功能之外，马路也承载着人们的社交、消费和生活功能，马路是城市的毛细血管，经过上百年的自然生长与规划改造，马路便成了城市文化与历史的载体，无论是城市文化、市井民俗，还是潮流时尚、人文历史，个性化的城市文化通过不同马路融汇、展示在大众面前。

上海有豪横的公馆区、洋房区，也有贫穷的弄堂房子、棚户区，每条马路生态品质迥然不同，每条马路都要有南京路的四大百货公司，那也不现实；在用着燃气的洋房别墅周围开个煤球店，那老板也许吃错药了。但每条小马路上都有餐饮店、烟杂店、酱油店、老酒店、剃头店，一般都是存在的，人活着起码要饮食，能买到包子馒头、大饼油条，感觉方便就好，一百年后仍然如此。每条小马路连接着一个个街区，弄堂口屋檐下，书报摊头，到处可见，堪称是普及文化的网络。以连环画为主的“小书摊”，极受中小学生乃至家庭主妇的欢迎，完全是出租阅读，算是一种大众化的图书馆。马路上还有许多娱乐游艺项目，五花八门，譬如路边的“康乐球摊”，此外还流行看西洋镜、看珍奇动物、套圈圈、打气枪、打糖、象棋摊等。有不少是故弄玄虚，比如所谓“珍奇动物”，多半是五条腿的羊、三只脚的猫之类，若非畸胎，便是作伪；还有不少则与赌博结合，当真有益身心健康的实在少见。

▲ 20 世纪 30 年代，上海马路边的饭摊与小食摊

▲ 20 世纪 30 年代，上海十六铺码头边卸西瓜的情景

说到马路上的生意，那真是林林总总，五花八门，例如卖蚕宝宝、卖洋老鼠。“洋老鼠”就是白皮红眼的老鼠，因其毛皮雪白，和西洋人肤色相似，故名为“洋老鼠”，纯系“舶来”。卖洋老鼠的小贩挑着一副担子，两

▲ 20 世纪 30 年代，坐在路边卖糖果的赤脚男孩，一脸惆怅

头全是竹木笼子，笼子各关一只或两只洋老鼠。再打开一个木架，木架上放一个大一点的笼子，可称为“鼠戏”舞台，里面有小巧玲珑的楼梯、跷跷板、吊环等道具，放几只洋老鼠在里面，会自动表演爬梯、钻环、玩跷跷板的把戏，引得围观者哈哈大笑。于是小孩子便吵

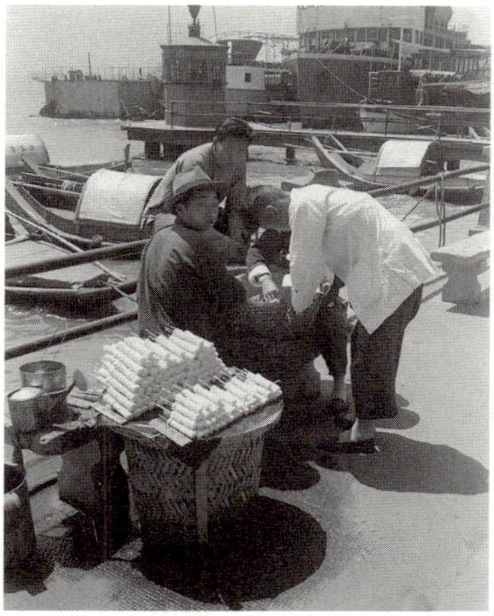

▲ 20 世纪 40 年代，黄浦江边卖荸荠的小贩

▲ 20 世纪 40 年代，上海街头卖香烟的小儿郎

着要大人也买一只回去，价钱比买一只普通的雀鸟还便宜。由于洋老鼠这玩意儿生殖力极强，所以身价贱得很。买回家去后的洋老鼠，大抵都不会玩杂耍。那些放在大笼子里充当活广告的“选手”，大约是专门经过训练的。尽管如此，也能给寂寞的儿童生活增添出无数情趣来。

皮鞋本是外国造

——皮匠摊点

传统社会一般都是穿布鞋、布袜的，江南社会的一般平民总是用自己的手工劳作来扎鞋底，做布鞋，编草鞋，剪袜底。待到西方文化大量涌入上海之后，上海也开始生产和制作皮鞋，以及生产和销售洋袜，当时上海有一家“宏茂昌”的袜店，就是由于专售洋袜（纱袜）而闻名，以至于当时有“穿宏茂昌的袜子最时髦”的说法。说到扎鞋底，有一首上海竹枝词这样写道：“鞋底作中扎鞋底，各献手段试绝技。一样扎成底一双，坚松软硬功夫异。耳闻麻线响嗖嗖，拉住线头用力收。力重却防麻线断，钻儿戳破膝盖头。”对于草鞋也有竹枝词唱道：“柴扒一堆草一束，推得鞋成力用足。一双只卖几文钱，可怜推脱指尖肉。推草鞋人手指痛，着草鞋人脚趾冻。贫民一样父母生，受苦这般堪一恸。”上海竹枝词有关妇女做鞋剪袜底、滚鞋口的描写，更是充满了辛酸和悲苦：“袜底多发女工剪，每日可剪千百片。剪刀轧轧手指酸，磨得指头起老茧。老茧应从脚趾生，女工偏向指尖成。熬辛剪得钱无几，况值钱荒愁煞人。”“女工滚鞋口，忙煞纤纤手。线脚要齐又要匀，滚处忌毛更忌皱。”

对于皮鞋，也有一首竹枝词这样吟道：“皮鞋本是外国造，近来中国也会做。底坚面韧最耐穿，天好雨落着得过。”上海《浦东档案》记载了清末川沙人沈炳根与皮鞋的故事：沈炳根是浦东川沙田泥塘人，9岁时父母双亡，成为孤儿。就跟着一位鞋匠在浦西延安东路附近的一家鞋作坊当学徒。他的鞋作坊离黄浦江码头很近，常常有穿着皮鞋的外国水手来来往往。为老外水手修理皮鞋，成为他们除修布鞋收入外的主要生活来源。那些矮帮高鞠、圆头方头、平跟坡跟、齐边出边等各种款式的皮鞋，让沈炳根大开眼界。看得多了，沈炳根对洋皮鞋的结构、材料、性能、尺寸等也摸得一清二楚。

▲ 民国时期上海街头的皮匠摊

▲ 民国初年上海街头替人修补鞋子的小皮匠，眼睛瞄着拍摄者

一天，有个俄国水手拎着一双旧皮鞋，来鞋作坊修理，师傅摇摇头，表示没法修理，沈炳根从师傅手里接过皮鞋，掰一掰裂

▲ 20 世纪 20 年代，上海一处修鞋铺子

▲ 20 世纪 30 年代，街头的皮匠和围着的顾客

口，揭开了鞋垫，看一看针码，花两天就将这双皮鞋修好了。那个俄国水手看到自己的鞋子修好了，满意得连连点头称赞。一边道谢一边说，他叫伊万诺维奇，他的哥哥也是鞋匠，不过现在经商卖鞋了。沈炳根刻苦钻研，终于从无数次修理皮鞋中，也学会了制作皮鞋的本领，就从洋行买了一双当时很时尚的皮鞋进行仿制，把多个鞋部件进行拼装、缝合、成型、定型，终于仿制成功一双皮鞋。他为这双皮鞋起了“永兴”的品牌名，拿到南京路洋行，请求寄售，可遭到洋行掌柜无情拒绝：“我们卖洋货，国货一概不售，你还是另找鞋店吧。”那年头，穿布鞋的民众穿不起皮鞋，穿皮鞋的有钱人看不起国货。沈炳根没有气馁，决定自产自销。还是那个俄国水手伊万诺维奇答应去与他哥哥商量一下。一个月后，伊万诺维奇陪着他的哥哥找到沈炳根，签订了合作协议，按客商提供的鞋楦先做100双试销。沈炳根找到了皮鞋销路，信心满满，在溪口路开办了一家“永兴皮鞋公司”，按质按量完成了第一批试销鞋，从此打开了销路。到了民国初年，永兴皮鞋的月产量达到了一千多双，皮鞋生意蒸蒸日上。不料，俄国经销商因战争爆发而失去联系，永兴公司的巨额货款付诸东流，血本无归。沈炳根在钱庄逼债和皮鞋销路断绝的双重打击下，吞金自杀。尽管沈炳根失败了，但他还是上海滩最早制作皮鞋的开拓者，值得后人记怀。

皮匠，是江浙一带人对鞋匠的称呼，源自早先鞋匠修鞋时用碎皮去修补，由此产生出约定俗成的叫法。在城市弄堂边上摆着的鞋匠修

▲ 1936 年，市井中的修鞋匠，老皮匠满脸沧桑

鞋摊，一般上海人称年纪稍长的为“老皮匠”，称年轻的为“小皮匠”，也是一项专门的手艺。别看他们是加工鞋子，要使用的工具却不少。其挑担一头放着形似胡桃状的宽口钳、锥子、修刀、锤子、铁脚掌、钉子、胶皮、蜡线等，另一头则满满当当地放着绱鞋用的大小不等、形状各异的木楦头……街头皮匠的敬业专注、朴实无华，感动过无数人。丰子恺曾经赋诗夸赞修鞋工：“感谢良工手艺高，缝来鞋子最坚牢。遵行大道无忧惧，站稳脚跟不动摇。”

裁缝长短不能定

——老裁缝店

民国初年江南街市上的裁缝店，店面大小规模不一，但大抵都悬挂一个“苏广成衣铺”市招的牌子，并不是老板姓名叫“苏广”，而是民国年间苏州、广州的衣饰式样新颖，“苏广”成为人们追逐的标

▲ 第一次世界大战期间，上海裁缝正在为美国及协约国远征军赶制病号服

杆，以便顾客识别。一般城镇都有裁缝店，它的设备简单：租间店堂，设置工作台板，全凭手工操作，后来也备置了缝纫机。因他们做工精巧细致、式样新颖应时，又是量体裁衣，舒服适身，所以很受顾客欢迎，成为一个很普及的行业。20世纪30年代，各种物资匮乏，制造业属于萌芽阶段，那时候的一件衣服、一件西装，不仅要讲究各种场合的穿着，也要求不妨碍人在生活和工作中的活动，只能用由巧手裁缝各种精密设计过的板式，才能解决不同的需求。

▲ 民国时期上海老裁缝店的学徒工

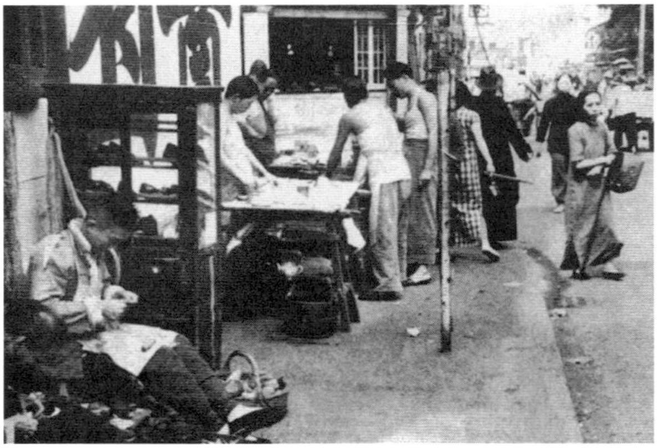

▲ 1920 年上海街头的裁缝摊点，老裁缝揽活正忙

与其他行业的手工劳动者一样，裁缝师傅也有他们的“行业规矩”，例如，尊敬地奉轩辕氏为行业的祖师，所用量布的尺也名为“轩辕尺”。学做裁缝要先当三年学徒，俗称“吃三年萝卜干饭”。当学徒的每天除了生炉子、烫熨斗外，有的还要为师傅、师娘“倒夜壶”，做杂活，小心服侍老板夫妇和各位师傅，行中规矩很大，学徒三年也只能学做包边、合领、上袖、缝绊，做纽扣，若是剪裁下料，还得再学上三年。用尺量身、剪刀裁布、针线缝纫，都得用心用功。公馆里的老爷、少爷、太太、小姐，定做长袍马褂、旗袍短袄，多一寸嫌太宽太长，少一分怪太紧太短。要刚巧合身才可得赏金，稍不满意，当场退货，还要赔料。许多后来成为时装店老板的创始人，多数是经历过裁缝学徒生涯磨炼的。

上海裁缝，堪称中国第一代时装设计师，在他们的手中，服饰有了时代的特征，承载着人们的情感与追求。裁缝不仅要手巧，还要心巧，懂得时代的潮流，懂得各色人等的心思，说到底还是要一种人文

▲ 1929 年上海弄堂边的裁缝摊

考量与文化内涵。琵琶扣、葡萄扣、蝴蝶扣、梅花扣等各式盘扣，形状小巧、花型漂亮，要将各种布料缝成细条，再用镊子和锥子盘结成扣，每天重复着同样的动作，那是很磨人的，把心和技术都磨细磨巧了，才能做衣服。

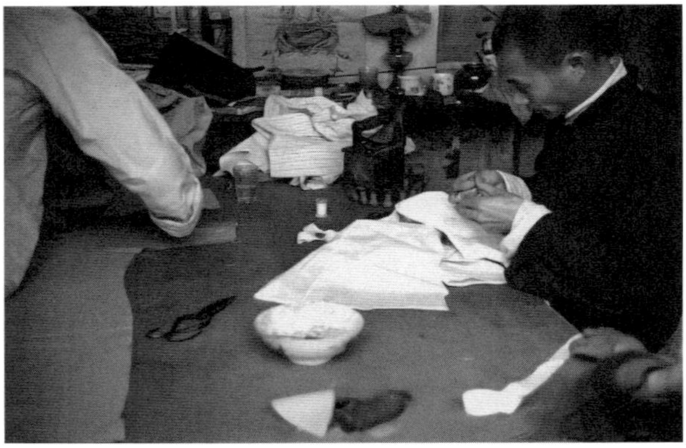

▲ 1945 年上海弄堂裁缝店里的老师傅正在聚精会神地做活

在上海裁缝行业中，浙江奉化裁缝最为有名。浙江奉化的人们为了谋生，背井离乡，到外地去求活路，就像扬州人外出凭自己手中的三把刀一样，宁波奉化人两手空空，告贷无门，也是凭的三把刀——菜刀、剃头刀和剪刀，去烧菜、剃头和当裁缝。他们不少人走南闯北，有的甚至漂洋过海，到异国他乡，学得了一手做西装的技艺，回国后来到上海开西服号。特别是在20世纪20年代初，裁缝铺子的数量越来越多，服装行业很是兴旺。据当时的统计，上海西服店有700多家，其中荣昌祥、培罗蒙、鸿翔等，已经是家喻户晓的名牌。

别看上海街头弄口的裁缝店，有的也不起眼，但老裁缝对于高级毛料服装的以旧翻新，堪称国内一绝。就是穿了多年又很贵重的高级毛料，如那个年代的毛哔叽与海军呢衣料，即便是再上等的面料，也有陈旧的时候，对一般民众而言，扔掉可惜。上海的老裁缝师傅，能从中捕捉商机，适时地推出以旧翻新业务，而且还可以邮寄，很是方便了广大市民。只要你将旧衣服打成一个包裹，径寄上海某家裁缝店，并汇寄了一笔手工费，过不了多久，你收到的经过翻新的衣服，美不胜收，不但长短宽窄与原件几乎一模一样，而且完全是改旧如新，与原件新装毫无二致，旧西裤上下调了个头，原先臀部磨损处，已分别转移到两只裤脚管的下端内侧，只要别人不是把头凑近你的脚跟，是决计看不出有一丝破绽的。中山装呢大衣，则是内外翻了个身儿。那时的毛哔叽与海军呢，质地厚实细腻，几乎分不出正反面。翻新以后，原衣的反面成了正面，活脱脱又是一套新装。只是纽扣洞变换了方向，原洞织补得天衣无缝，上面又缝了纽扣，根本不见原来的痕迹了。

唐朝诗人张籍《白纻歌》诗云：“皎皎白纻白且鲜，将作春衣称少年。裁缝长短不能定，自持刀尺向姑前。”无数的老裁缝，年年岁岁，守着自己的缝补店，细缝着时光的针脚，裁剪着内心深处的情怀，如作家李娟在《我们的裁缝铺》中说：“日子就像穿针引线，不慌不忙便会有明天。”这些已经消失却让人难忘的裁缝店让我们感受着时代的变迁……

粥称粳米趁清晨

——饭铺粥店

江南人有“米食情结”，有爱吃米食的习惯，俗称“白米饭”“白米粥”，其实白米粥饭又分为籼米饭与粳米饭两种。米饭与其他食物混合，又会衍生出五花八门的形式，如菜饭、蛋炒饭、盖浇饭之类，白米饭煮好以后，另外开锅炒上几样简单的佐菜，如笋炒肉片、菜心狮子头、鱼香肉丝等，然后将其浇到米饭上，称为“盖浇饭”。盖浇饭的特点是菜、汤、饭杂和在一起，吃起来既入味，又简便，故也曾经在上海滩风行一时。

▲ 民国初年开在马路边的小饭馆，小老板兼做堂倌

近代文人包天笑在一篇文章中特地写了米粥：“吴地的粥有两种：一为白米粥，腻若凝脂；一曰泡饭粥，有饭焦香味，我颇好之。”雪白的粥在锅里腾腾冒着热气，淡淡地散发着香味，晚上，普通人家，两碗热粥，几碟小菜，平常到了极点。在物资极度匮乏的年代，稀粥咸菜几乎等同于贫穷，但直至今日，尽管人

们生活水平普遍提高了，白米粥和泡饭粥仍然是上海人日常生活中非常普遍的饭食形式。

那个年代，许多上海人都喜欢早晨吃粥。他们起床后就点燃煤炉，淘米下锅。待到米粥煮得稀烂，锅内漂上一层粥油后，便一碗碗盛出供全家人享用。还有些人则有夏天吃粥、生病吃粥的习惯。每逢酷暑来临或者身体不适，粥便成了人们一种十分理想的保健食品。由于民众对于粥的喜好，上海都市中还逐渐发展出了菜粥、糖粥、鸡粥、藕粥、火腿粥、肉松粥、赤豆粥、百宝粥、药粥等各种花色粥的形式。不同门类的花色粥，大都选料考究、制作精良，颇具地方风味。其中菜粥的制法最为简单，只要将切碎的青菜、塌菜、鸡毛菜等少量菜蔬与大米一起放入锅内烧煮，再加上一些细盐、味精等的佐料，不消多时，一锅鲜美醇香，可口爽滑的菜粥便可做成。

▲ 清末民初，江浙地区狭长而繁华的街道，通常都有小吃店和茶馆等店铺

▲ 1927 年的上海，路人就食于马路早点摊

糖粥是江南地区的风味食品，粥中除了加糖以外，还可以加入莲心、红枣、桂圆、花生、赤豆等物。以前上海各条街巷中，经常可以看到一些粥店，抑或还有一些卖粥小贩，挑着糖粥担叫卖“白糖莲心粥”的情景，到他们的货担前购买糖粥的，有妇女儿童，有洋场阔少，也有为了维持生计而写作到深夜的文人学者。现在，上海人喜爱吃粥的习俗仍然没有

改变。民国杨米人刊载于《东亚晨报》的竹枝词之十一《粳米粥》云："粥称粳米趁清晨，烧饼麻花色色新。一碗果然能鼓腹，争如厂里沐慈仁。"说的是将粳米粥作为清晨早餐之一，将粳米熬得极烂，并附卖烧饼麻花之类。

当然，老上海的粥品，很有名的当数小绍兴的鸡粥，它是粥品中的极致。1940年春，16岁的章润牛与他妹妹章如花，跟随父亲从浙江绍兴马鞍章家大村逃荒到上海，在西新桥附近（现云南南路）栖身。迫于生计，他们批来一些鸡头、鸭脚、鸡翅膀，烹制后拎着篮子走街串巷叫卖，兄妹俩省吃俭用，积攒了点钱，于1946年在云南南路61号茶楼底下的弄堂口，用两条长凳、三块铺板摆了个摊头，卖些馄饨、鸡头、鸭脚、排骨面条。当年，这一带各类小吃摊头云集，尽管章氏兄妹喊破嗓子，光顾者还是寥寥无几。于是便改为鸡粥摊，但生意也不景气。章氏兄妹怏怏不乐，唉声叹气，担忧着一家老小的生计。

一天，章润牛与章如花在谈论出路时，忽然想起孩提时听到老人们讲过绍兴产的越鸡，曾向清仁宗皇帝进贡的传说。据说，在绍兴有一个四面环山的山村里住着几家农户，每年都要养许多鸡，每天清早就把鸡放上山去觅食，这些专靠它们自己寻觅野食长大的鸡，其肉特别肥嫩，烧好以后味道很是鲜美，皇帝尝了以后也特别喜爱，从此，

▲ 20 世纪 30 年代天主堂街（今四川南路），街边可见油炸类、粥类等各种小吃摊

▲ 20 世纪 30 年代，上海檐廊下的马路饭摊

要他们年年进贡，并称之为越鸡。章润牛从这个传说中受到启发，开始选用农村老百姓放养长大的鸡作原料。这一改，鸡粥鲜味果然非同一般，继章氏之后开设的一些鸡粥店不知其中奥秘，因此生意都不如章氏兄妹的鸡粥店。那时，一些文艺界的知名演员如周信芳、王少楼、盖叫天、赵丹、王丹凤等，每当半夜演完戏后，总要来到章氏兄妹鸡粥摊上吃夜宵，并成了常客。由于章氏兄妹的鸡粥摊没有招牌，

而摊主章润牛一口绍兴音，加上他个子瘦小，一些老顾客都以“小绍兴”相称呼，久而久之，“小绍兴”就成了鸡粥摊的摊名了，成就了上海滩鸡粥店的一段佳话。

人人发样最难齐

——小理发店

留发的习惯，在我国由来已久。这个行当尊“罗和尚”为开山祖师，供他的塑像叫“罗祖庙”，并以七月十三日罗和尚生日为会期。禀呈有关衙门官府立据备案给予照牌，入帮缴帮费后发给执照，才成为合法，被列为百业之一。

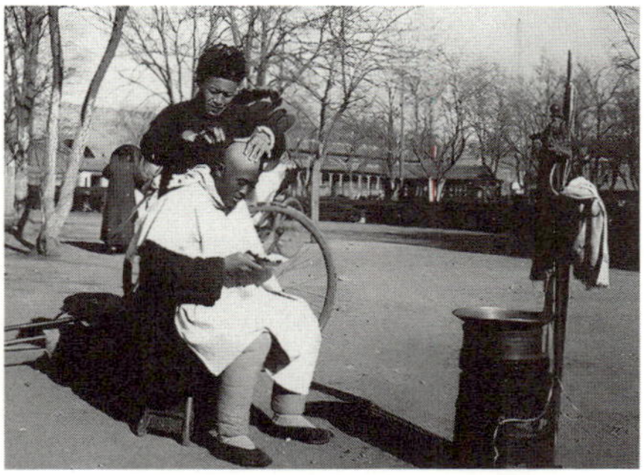

▲ 民国初年上海街头的流动理发摊，剃头挑子设备齐全

▲ 1932 年街头，走街串巷的剃头师傅替人剃头修面

理发和剃头，在古代是两种不同的概念。清代叫“剃头”“剪头”“推头”等；而理发就是字面意义，对头发的梳理和打理。清代，统治者下令男子一律剃头梳辫，剃头业便空前发展起来。当时到处都有手执铁夹，沿街叫唤，给人剃头的“剃头挑子”。辛亥革命后，许多在日本的中国理发师纷纷回国开设理发店，这才开始使用新式工具为男子理发。至于女子风行剪短发，则是在五四运动以后的事。

江南民众对剪发又叫作“剃头”，也叫作“理发”，只是“理发”是更文雅一点的说法，而“剃头”流行于口语。因为人人要理发，于是上海的街头弄口遍布大大小小的理发店，不包括美容院在内，这个行业大致上可以分为三类：一类是理发店，一类是路边剃头摊，还有一类为剃头师傅拎包上门。拎包行当是在抗日战争胜利后才逐渐地活跃起来的，方便了老弱病残者的理发难，因而受到欢迎。

理发行当的准入门槛很低，一张板凳，一只三脚木架，上放面盆，一条毛巾，一个热水壶，几件老式的剃刀和剪刀，另备一幅白布围单，就成全副工具与设备。到20世纪30年代，这种理发摊已逐渐淘汰，只有贫民窟的穷街僻巷上才能看到。而为有钱阔佬服务的理发店，它们的店号大都是以“牡丹”“玫瑰”“芙蓉”等花卉名为主，后加以厅、院、室、屋、馆、公司、店、号等名称。

理发铺根据装潢设备和技巧分为甲、乙、丙、丁的等级。20世纪20年代初逐渐流行起妇女剪发。女子剪发后，一般多用缎带束结，一些大户人家的女子还用珠翠宝石做成各种发箍套在发上。30年代初，上海陆续开设了一些使用电烫器、火烫器、电剪发器、电吹风机等现代理发器具的美容室、理发厅，于是烫发便在许多城市妇女中流行起来。上海最负盛名、又被称为最佳理发厅的，该算静安寺路华安保险公司大楼下层沿街的“华安理发厅”，设备装潢华丽，洋人的光顾更提高了它的身价；静安寺路王家沙上的南京理发厅，它是继华安理发厅之后的后起之秀，1936年第一家使用了电轧刀，许多男子就为见识一下这个新玩意，也会以不菲的价格去光顾。

▲ 20 世纪 30 年代，上海街头的理发摊

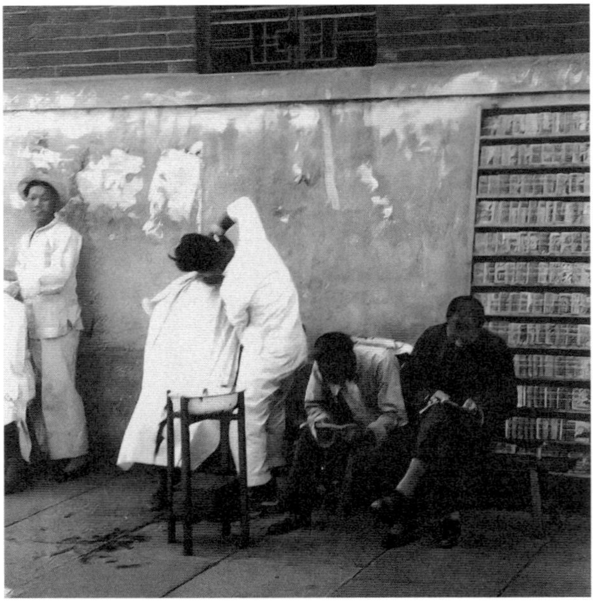

▲ 20 世纪 30 年代，上海街头理发摊，边上就是小书摊

理发这个行业与其他服务型行业一样，要有靠山，拜老头子，才不会被敲诈捣乱。开理发店的老板要能够在地盘上吃得开，“兜得转”，才有资格开

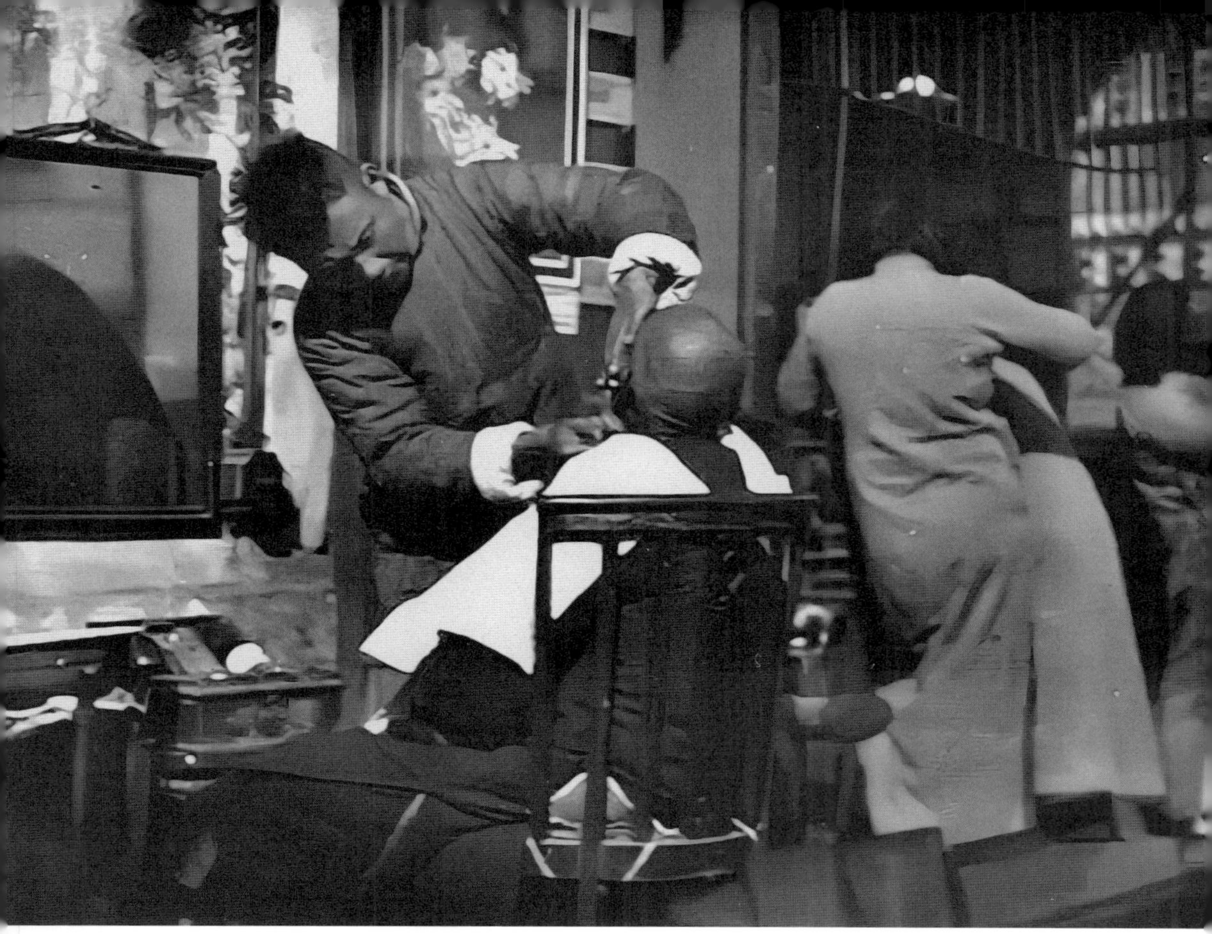

▲ 20 世纪 30 年代，上海弄堂小理发店

店。理发店最讲究服务态度，顾客跨进店门，老板笑脸相迎，不管顾客早已满座，总是说："有空，马上就好，请稍坐一会儿"，挥手请坐。你刚坐下，学徒已送上一杯滚热的浓茶，跟着是前门烟罐装的香烟一支（当然茶是大壶茶，烟是最便宜的大路货），又是送上一条热毛巾、一张隔夜报纸，这样的招待就把你笼络住了，让你甘心等待。理发仔细，服务热情，务求顾客满意，所以每理一个发，一般都得花上1个多小时。你付钱搁桌板上，离去出门，老板站在门口，开门送客，说声："再会，欢迎下次再来。"

男子发式较女子为简单，清代为一式的辫发，剪去辫发后，有的理成短发，有的理成朝后梳的较长的发式。20世纪30年代起，西式吹风便在上海男子中盛行起来。人们对于发型大抵都较为重视。百忙之余经常抽空上理发店，梳理各种自己喜爱的发型发式，有的还专门请理发师上门服务。女子发型大致上可以分为盘发式、卷发式、直发式、束发式、结辫式等。时有文人朱文炳的《海上光复竹枝词》写道："人人发样最难齐，或仿东洋或仿西。还有一般朝后刷，自夸我不落恒蹊。"从这些词句中可以看出，近代上海滩上已经逐渐产生了一种具有新兴城市特点的时髦发型发式，其风格特征、审美情趣、文化品位与传统的理发习俗已相去甚远。虽然受到了社会上一些保守人士的不满和耻笑，但时髦总是代表了一种时代的潮流，是人们审美观念发展、进化的具体表现。

清露白云明月天

——弄堂生意

都市有一种奇妙之处，四面八方的人涌入，五湖四海的人会聚，他们在这片土地上生存，在这座城市生活，在这里繁衍下一代，可以说是与城市共同呼吸，有些人还会从这里再次出发去向远方，会给人留下终生难忘的记忆。

过去，上海弄堂特色的一个重要的方面是交易买卖，俗称"弄堂生意"。对于许多上海人来说，弄堂不仅是一块栖息生存的独特天地，而且也是一个买卖物品、了解市面的主要场所。许多小商品的交易活动，都是在弄堂里进行的，许多市场行情的打探，市面行为的了解，也大抵是在弄堂里出现。弄堂中最为常见，同时也是最为热闹的，是那些卖小吃点心的生意。从清晨开始一直到晚上，各种小吃点心摊便不断地涌向上海的各条大街小巷，形形色色的叫卖声也始终在上海的各条弄堂中响彻回荡，它们营造了一种浓浓的弄堂生活情韵。

▲ 20 世纪 40 年代，深藏在上海弄堂内的食品店

▲ 20 世纪三四十年代，上海弄堂口的烟纸店

▲ 上海辣裴德路辣斐坊（今复兴中路 553 弄）弄堂，原系中共中央军委机关秘密所在地

鲁迅在《弄堂生意古今谈》一文中写道：“这是四五年前，闸北一带弄堂内外叫卖零食的声音，假使当时记录下来，从早到夜，恐怕总可以有二三十样，而且那些口号也真漂亮，不知道他是从‘晚明文选’或‘晚明小品’里找过词汇呢，还是怎么，实在使我似的初到上海的乡下人，一听就有馋涎欲滴之慨。‘薏米杏仁’而又‘莲心粥’，这是新鲜到连先前梦里也没有想到的。”除了小吃点心以外，到弄堂中来卖菜、卖香烟火柴，卖针头线脑，卖竹木器具的小商小贩也极多。他们来到弄堂后，许多家庭主妇、佣人及孩子们便会急急地从屋内奔出来，围到摊子旁，一边看着货色，一边与摊主讨价还价。“薏米杏仁莲心粥”“玫瑰白糖伦敦糕”“虾肉馄饨面！”“五香茶叶蛋”等，弄堂里还有叫卖青菜、豆腐、瓜果、鸡蛋的，时而还有活鸡活鸭，每隔几天还有把服务送上门的修理棕棚、补皮鞋与弹棉花胎之类的人来兜生意。他们从事的各种买卖都有各自的叫唤声调，使人一听便知道是什么行业的小贩来了。此外，还有算命的、化缘的。晚上，当夜深人静时还有声调凄婉的叫卖炒白果与长锭的，更有使人毛骨悚然的为家中病孩招魂的长嚎声。

由于弄堂房子家家户户紧挨着，住户共同分享屋前屋后的弄堂，平时出入照面时常会打个招呼或寒暄几句。一有叫卖声，抱有共同兴趣的家庭主妇就会应声而出，对货色评头论足、讨价还价、交流观点之声不绝。更有借此机会交头接耳，东家长、西家短的闲扯，把本来要买东西的原意也忘掉了。

弄堂生意使人们生活富于邻里感，邻居相互帮助。五方杂处，亲如一家，“远亲不如近邻”在这里最能体现。缺点是，“对于靠笔墨为生的人们，却有一点害处，假如你还没有练到‘心如古井’，就可以被闹得整天整夜写不出什么东西来”。（鲁迅语）此外，在大型的弄堂里，居民鱼龙混杂、人各有意，过于接近了就难免会惹上是非，闹出各种各样的弄堂风波来。

唐代诗人杜牧有一首《泊松江》的诗，实际上写的是古代的上海：“清露白云明月天，与君齐棹木兰船。南湖风雨一相失，夜泊横塘心渺然。”那个时候还没有“上海”的名字，江南就是白茫茫一片

▲ 民国初年上海弄堂里的烟纸店

▲ 20 世纪 40 年代，上海虹口一条弄堂口的男子与两个小朋友在小摊前

水域，有塘有浦，圩中有人家。夜晚，诗人乘坐的船停泊在吴淞江上，想起曾经与友人一起乘坐“木兰船”的情景，回首伤别离，心中不免惆怅。一千多年后，到了民国时代，那时的上海像一个精美的特大容器，容纳着来自各地的人和物，世人都能看到这个容器美丽的外表，纷纷投入其中，民国时期的上海之所以成为一段熠熠生辉的历史，与它开创了中国历史上从未出现的文化密不可分。北京有四合院文化，上海则有弄堂文化。随着城市和经济的发展，从弄堂走出来的一代代老上海人，大抵也从弄堂中得到过滋养，弄堂里藏着上海的情调，魔都的沧桑兴衰都与此息息相关，生意做得风生水起的那一拨老上海人，血液里流淌着商业的底色，安分知足也有生活情趣，市井随性，但又不傲娇，不张扬，自立本分，用心做好每一件事情，是生计也是一种人生态度，这是不是也是一种“清露白云明月天”的人生态度呢？

巷口鸣锣卖小糖

——走街串巷

在民国流动摊贩的队伍中，有一支换糖小贩，他们整天肩挑糖担，吹着竹箫，颤颤悠悠，一年四季走街串巷。那个年代，糖是一种很金贵的食物，小孩子都爱吃糖，连人贩子拐骗小孩儿都爱用糖，可见糖对于孩子的诱惑力。普通人家想买几粒硬糖也是很奢侈的事情，换糖小贩一般是江浙一带的农户，趁农闲时出门，以船为家，靠回收废旧物品为生，在人口稠密的城镇，停船上岸。晚上做糖饼，白天挑着糖担，走街串巷以糖换旧物，或者换可以卖钱的废品。卖糖人肩挑糖担，交易时用锤子敲打糖刀，把饼糖切成一小块一小块地卖，称为“敲糖担”。这种情景，一直延续到新中国成立后的五六十年代。

其实，这一类流动小贩的营生，从古代的“货郎担”，最早可追溯到宋代，到了明中后期，操货郎担者越来越多。清代，更先进的制糖技术引进，鸡毛换糖逐渐成为货郎担主要模式，据说清至乾隆年间，仅浙江义乌全县鸡毛换糖就约有上万副糖担。活跃于大江南的敲糖帮，原本以卖糖为主，但是因为与换货物结合，也同时兼营小百货，直到民国时期的流动小贩，都属于这一类。街头的换糖小贩还有“寸金糖”“芝麻切片”“牛皮糖”“麦芽糖”等不同种类。芝麻切片是芝麻和糖做成的，咬上一口，满口芝麻的香味，也是江南的传统特产，手工制作，精选优质天然原料，按传统工艺精制而成，香味浓郁，松酥清甜，不粘牙，食后齿颊留芳。最有韵味的是牛皮糖，名字似乎不怎么好听。但是吃起来有嚼劲，里面有白芝麻粒和花生。小贩在老式的弄堂里穿行，或者城市贫民区里叫卖或易物换钱。

在城市里走街串户的流动小贩们，会挑着不同的担子，络绎不绝的叫卖声，是20世纪江南城市特有的音响组合，记录了城市成长的脚步，也融入了复杂的人文情怀。街头巷尾，经常可以听到一阵阵富有感染力的叫卖声。那起承转合的叫卖声腔各具特色，或高亢洪亮，或婉转悠扬，从很远的地方就可以听到。流动小贩叫卖的共同特征，就是利用“天赋小聪明，在手上和嘴上打主意”，“或高声吆喝，或

▲ 清末上海城隍庙里的转糖摊，常常吸引不少顾客光顾

▲ 20 世纪 20 年代，江南郊县古镇上的流动食担

▲ 清末卖馄饨的男子和他的馄饨挑子

借响器招徕，或唱经说段”，丰富多彩，各具特色，成为城市之声的重要组成部分。

流动小贩常用的手段是敲着各式各样的响器招揽生意，起初，售卖胭脂扑粉、针头线脑等妇女用品的货郎担，手摇拨浪鼓，一般会惊动闺房里的女子，所以也有“惊闺”的雅称，所谓“手执惊闺沿户卖”。拨浪鼓后来发展到小鼓、小锣齐鸣，“咚咚”之声不绝于耳。叶调元的《汉口竹枝词》曾经生动地描绘了流动小贩们敲梆鸣锣兜售货物的场景：“芝麻馓子叫凄凉，巷口鸣锣卖小糖。水饺汤圆猪血担，深夜还有满街梆。”进入民国以后，又有擦皮鞋的敲踏脚箱，卖冰棒的敲柜子，卖肥皂、雪花膏的打洋鼓、吹洋号。铜锣和铃铛是摊贩们最常用、最能引人注意的响器，所谓“门外忽来卖货郎，连铃鼓动响叮当。婢供驱使娘弹压，挑拣全凭女主张”。当小贩们发出声响时，居民们根据自己的经验，便会知道某种小贩的到来。小贩们带着货箱，大声吆喝，吸引买主来看他们的玉器、针头线脑、熏蚊香和其他日用品，女顾客则专心挑货并讨价还价。即使是类似的商品，小贩们仍可以用不同的鼓声来加以区别。长期接触往来形成的默契，大可以让市民们通过不同的器具之声，判断出小贩何人，所卖何物。白天年轻小贩的叫卖声悦耳动听，深夜老人嘶哑的吆喝声却让人心生恻隐，给都市的夜晚平添了丝丝凄凉。“鹄面提篮夜五更，深街旅舍一声声。风霜五十年前事，每听鹃啼未忍闻。”老人鹄面提篮在深夜旅舍叫卖：“油炸花生米……兰花豆……”声音悠长而凄切，令人不忍细听。

▲ 20 世纪 30 年代，流动的骆驼担子

▲ 20 世纪 40 年代，南京卖洋铁壶等用品的小贩

城市社会，市民日常生活所需为摊贩提供了广阔的生存空间，摊贩则成为城市的流动风景，装点了城市之声、城市之味和城市之乐。流动摊贩花样百出的叫卖声、招徕生意的器具声宛若城市的交响乐，

滋润着五味俱全的城市味觉，形塑着城市品牌与市民品位；流动摊贩售卖货品，又身怀生存绝技，表演街头艺术，丰富了城市大众娱乐，增添了都市的草根色彩。

十全大补共煎熬

——卖梨膏糖

在旧上海的马路上，摊贩活动十分活跃。这些流动于街头巷尾的小商小贩，十分看重招揽顾客的形式。各种小贩小摊的叫卖方式都不尽相同，但却都很有特色，时间一长，人们一听到叫卖声，就根据其腔调判断出是何种商贩在叫卖。由于调子动人，唱词迎合市民口味，常常吸引一大群人；当唱到高潮时，便打开箱子，拿出各式各样的梨膏糖售卖，倘若买的人多，他就继续唱下去，买的人少，就收摊开路，热心的听客为几段“小热昏”吸引，只有掏钱了。

梨膏糖，本是一种食疗糖食。梨是人们喜爱的一种水果，营养丰富，现存最早的中医食疗专书，唐孟诜撰《食疗本草》中就有“胸中痞寒热结者，宜多食雪梨”的记载。清代名医王士雄在其《随息居食谱》中曾指出“梨甘凉心、涤热息风、化痰已嗽、养阴濡燥、散结通肠、止烦渴……治中风不语、痰热狂、温暑等病”。中医早就将梨入药，而将梨和中草药放在一起熬制梨膏糖，深受国内外欢迎。

▲ 民国时期，上海城隍庙唱小热昏卖梨膏糖的场景

近代上海城隍庙梨膏糖远近闻名。清咸丰年间，朱品斋梨膏糖店开业，店址在老城隍庙前，是为第一家生产梨膏糖的店坊。当时，老城隍庙前场地杂耍汇

▲ 1909 年，上海环球社编辑发行的《图画日报》上有关“小热昏”卖梨膏糖的介绍

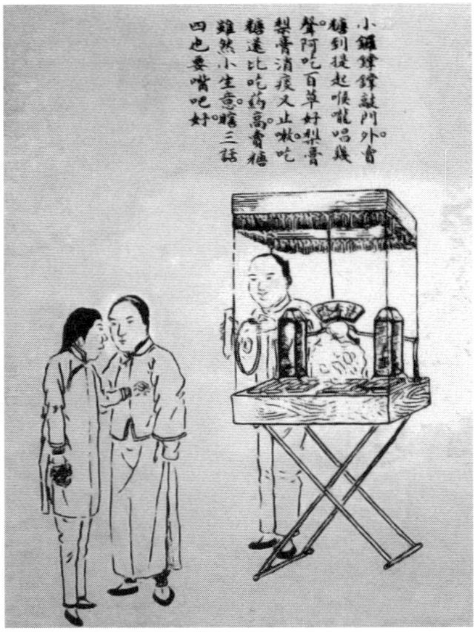

▲ 清末有关画报上关于唱卖梨膏糖的介绍

集，每天人潮如涌。朱品斋采取现做现卖的办法，由制糖师傅当众操作，并高声说唱，解说梨膏糖的作料和食疗作用，以招徕顾客。为了吸引顾客注意而直接唱起小曲来。卖糖为吆喝而唱着动听的江南小调：“老爷吃了我的糖，一天赚进十万大洋；太太吃了我的糖，到了老来儿孙满堂；少爷吃了我的糖，包你考得状元郎；小姐吃了我的糖，即时变一个花姑娘；众人吃了我的糖，提精养神喜洋洋。”上海里弄的居民特别喜欢听这类叫卖的小曲，还有卖梨膏糖的小贩来到里弄里，用苏北方言唱开：“呜呀呜哩哐呀，梨呀梨膏糖呀！老爹爹吃了吾的梨膏糖呀，一觉睡到大天光呀；老奶奶吃了吾的梨膏糖呀吗，耳不聋来眼不花呀。”有的小贩还会用手风琴伴奏，总用同一个曲调配合不同歌词巧妙唱出各种职业、不同年龄的人吃了梨膏糖后的种种好处和不吃梨膏糖的种种坏处。

其说唱的歌词是：“一包冰屑（指冰糖屑）吊梨膏，二用药味重香料，三（山）植麦冬能消食，四君子能打小囡痨，五和肉桂都用到，六用人参三七草，七星炉内升炭火，八卦炉中吊梨膏，九制玫瑰均成品，十全大补共煎熬。”因为生意兴隆，以后城隍庙又开设永生堂、德牲堂两家梨膏糖店。城隍庙梨膏糖的品种很多，其中有用白

▲ 20 世纪 40 年代，一对男女唱“小热昏”卖梨膏糖

糖、川贝、杏仁、蓟胡、桔梗等调制的止咳润肺梨膏糖，有用山楂、丁香、杏仁等调制的开胃消食梨膏糖，有用玫瑰、香兰、薄荷、姜汁、果仁等调制的香甜提神梨膏糖，以适应人们的各种需要，故梨膏糖一直盛销不衰。

▲“小热昏”是从前江湖艺人的一种卖唱形式。许是艺人们的插科打诨、满嘴跑马、瞎七搭八，像热昏了头说胡话，才会被称作“小热昏”

小贩很懂得顾客心理，以文艺演唱作为招徕顾客手段的“小热昏卖梨膏糖”，堪称一绝。卖梨膏糖摊通常是一张一米八的撑桌，桌上放一只小木箱、一把瓷茶壶（后改为壶底有火的铜茶壶）、一盏风雨灯（后改为坐式小汽灯）及说唱用道具，摊的左边放一只狭窄的长凳，卖糖者站在凳上说唱。卖糖者介于商贩和艺人之间，开场先说一会小锣书，相当于评弹的开篇，把听众招拢来。其唱法和浦东说唱差不多，打锣两次，每次七记，再唱几句，打一、三、五、六记锣时，用手掌护住小锣，使其发闷声，发出“得宕得宕得得宕”的有节奏声音。内容既有滑稽笑料，也有即兴随编。唱罢小锣书，稍润下嗓子，开始说书。说至紧要关头，打开箱子卖糖，卖完糖，再说一会儿书，又到关键时刹住。于是关照听客，要听下文，明日请早。其实，这卖梨膏糖的活，在江浙一带的城镇是极为普遍的，不过上海城隍庙一带最为有名罢了。看来了解市民的不同生活愿景，并将此与自己的生意巧妙结合起来是小贩吆喝前要做的功课。

卖梨膏糖既是一门露天职业，又是服务性项目，更需要说唱的本事，所以一年三百六十五天，摊贩天天起早摸黑，风吹日晒，极为辛苦。小本经营，一般赢利甚微，遇到地痞流氓的敲诈和捣乱，更受累不少，基本上是一辈子就操一业，无休无止地重复他们自己简单而艰辛的劳作，是当时丰富多彩的社会图案中的一点点缀而已。

第五章

新兴的社会行业和职业

晚清民初，中国踏上工业化和城市化进程，社会处于急剧转型期，传统行业积极调适，新兴工商及服务行业不断涌现，职业市场加速分化。

中华民国建立后，资产阶级主导政治，政府出台政策鼓励资本主义发展，民间投资建厂热情高涨，民族资本主义迎来快速发展期。洋务运动作为中国早期现代化的开端，虽然封建形式束缚新生产方式，但客观上也引进西方技术和生产模式，启动了工业化。随着民族资本主义发展，大生、荣氏等企业资本集团崛起，小生产者加速向工业资本化转化，推动了民族资本的积累和集中。

这一时期，诸多新兴职业应运而生。医学水平提升，医生凭借专业知识和技能，承担治疗疾病、提供医疗服务的重任，社会地位日益提高；法律制度逐步完善，律师为客户提供咨询和诉讼代理服务，社会地位高、收入丰厚；新闻出版业繁荣，《申报》《新闻报》《时报》和《时事新报》等影响巨大，记者负责采访报道，撰写稿件，涌现出一批“报界之奇才”。

民国初年，现代会计师制度正式建立。市场对财务核算和信用的需求，促使记账与审计分离；西方复式借贷簿记为会计师职业提供知识支撑；政府、工商界和会计界共同推动，让会计师制度得到法律和市场认可。

清末民初，先进知识分子探索国家发展路径，辛亥革命、新文化运动、五四运动相继爆发，推动社会变革。同时，女性意识开始觉醒，突破封建思想束缚，走出家庭，走向社会。由此，出现了具有救世济民思想的女侠形象，活跃于商业都市的商业女性，以及投身革命浪潮的革命女性。

在这一阶段，职业分化现象显著，成为社会阶层分化的重要推力。传统职业持续演变或逐渐消亡，新兴职业不断萌生发展，背后有着复杂的社会经济和制度因素。职业类型丰富多样，涵盖政治、商业等多个领域。这些职业的兴起，不仅推动了社会经济的进步，也提高了人们的生活质量，而自由职业群体的崛起，更是市场、知识与制度因素相互作用的结果。

▲ 申报馆建筑始建于 1916 年，1918 年 10 月 10 日正式完工并投入使用。图为旧时申报馆大楼全貌

集中消息望平街

——报馆报人

上海滩最有影响的四大报纸——《申报》《新闻报》《时报》和《时事新报》，前三家都坐落在望平街，即今天上海山东中路、汉口路和福州路口至南京东路那一段。时人叶仲钧所撰《上海鳞爪竹枝词》中有诗云："集中消息望平街，报馆东西栉比排。近有几家营别业，迁从他处另悬牌。"望平街之盛景，可见一斑。因这里报馆集中，故又得名"报馆街"，当时是一条碎石铺面的小街，曾名庙街。清同治四年（1865）英租界工部局将它改名为山东路。这条长不过200米、宽约10米的小马路，曾是上海报业的消息汇聚之地。每天清晨，报贩们云集望平街，成捆的报纸从各报馆运出，飞向上海滩和江浙地区乃至全国各地。

报馆的出现是清末民初的新鲜事，有了报馆，就有办报的人，包括老板、经理人、编辑、记者等。要说上海第一个办报人，乃是一个洋人，是英国字林洋行的亨利·奚安门，这位亨利先生，在清道光末年创办英文周报《北华捷报》，那是一份英文报纸，报馆地址就设在海关路（今汉口路）。清咸丰十一年（1861）又创刊中文报《上海新报》，这是申城最早的中文报纸。到清同治十一年（1872），英国人美查在汉口路山东路口创办《申报》，新闻业务锐意革新，邀中国人任主笔，聘欧洲、中国香港人士任通讯员，及时报道国际新闻，并派人赴战地采访战事实况消息，创中文报刊军事通讯之先河，销路剧增。清光绪十九年（1893），由中外商人合办的《新闻报》也在汉口路开设，英国人丹福士主持，光绪二十五年（1899）美国人福

▲ 20 世纪 30 年代，上海某报馆里显得很安静，编辑、记者在编写稿件

▲ 20 世纪 30 年代，上海一家报馆的主编与主笔们工作之情形

▲ 20 世纪 30 年代，上海报纸印刷前的排版与制版工序

开森购得出版发行权，以经济新闻为重点内容，深受工商界欢迎，是经济上最早能独立的中国报纸，发行量属中国之冠。光绪二十二年（1896），梁启超、汪康年创办的《时务报》，主张变法图存，宣传变法维新思想，引起巨大反响，发行数从4 000多份，猛增至17 000多份。在其影响下，形成中国近代办报高潮，打破了外国人垄断中国新闻事业的局面。

报馆为什么会汇集到望平街？一个重要的原因就是因其所处的位置。因租界言论、活动都比较自由，离繁华商业区又不远，采集信息方便，而附近福州路等地书馆林立，文风颇盛，所以被看作是理想的“新闻一条街”所在。此外，这里相比外滩，地价便宜不少，因报业本钱都不大，所以各地报人遂纷纷会聚于此。此外，“报馆街”在各个时期，都有代表性的报纸问世，也正因如此，望平街才能逐渐成为当时上海的新闻中心。戊戌变法时，这里有《时务报》；到辛亥革命时，有《苏报》《国民日报》，还有于右任先后创办的《神州日报》《民呼日报》《民吁日报》《民立报》等；五四时期，《时报》《申报》《新闻报》等又相继报道俄国十月革命胜利的消息，介绍马克思主义。

汉语里的“报人”，原意是报答他人，清末新闻业兴起，“报人”遂有了新的含义，即在报社从事新闻工作的人。一时之间，报人纷纷聚集于山东路、福州路、汉口路、九江路一带办报，以望平街为中心的十字形区域里，大小报馆毗连，使望平街名声大振的是于右任首先在清宣统元年（1909）5月15日创办《民呼日报》，接着又在同年10月3日创办《民吁日报》，因揭露、谴责清政府官僚贪污腐败、鱼肉百姓的事实，两报均遭查封，前后仅存7个月。《民吁日报》被封时，引起社会强烈反响，有人揭帖表示抗议。至1911年前后，望平街聚集报馆20余家。

▲ 20 世纪 30 年代，申报馆内排字工人拣字工作场景

报馆与报人，这碗饭其实是很难吃的，由于新闻业与政治关系过于密切，权力结构引领媒介格局。“文章合为时而著，歌诗合为事而作”。记者记录政治事件的同时，也可能有意无意间被卷入事件进程。政权建立初期当局强化宣传弱化事实报道，新闻检查和管制束缚记者言论自由，新闻报道的尺度掌控在政权领导者手中……动荡的时局拉伸了民国报人新闻生涯的坐标轴，剧烈政治变革加速其中一部分记者的角色转换，从网罗市井民生消息转向搜寻政局动态，直接参与历史现场。

新闻业的发展，也为中国新闻史留下了多位足以为后人所敬仰的报人。近代中国，出现了像邵飘萍、邹韬奋、范长江等一大批秉笔直书、忧国忧民的优秀报人，铁肩辣手，不畏强权，激起了时代思潮的朵朵浪花。

此地从来无土著

——商会组织

1902年上海商业会议公所的成立，标志着进步商人开始组织起来，可以被视作上海历史变迁中的一个重要里程碑，也象征着中国经济近代化翻开新的一页。正如一首竹枝词写的：“此地从来无土著，九分商贾一分民。”

开埠前，有一些商人组织，都是一些传统会馆、同乡会之类基于血缘与地缘的团体，如会馆公所，有不少团体带有帮会、会党的色彩。从1902年开始，商人的团体——商会组织，不仅成为政府和工商界的重要沟通平台，而且推动工商业的行业自律以及各业之间的合作进入一个崭新的发展阶段。自上海开始，江南许多城市都纷纷成立商会，在经济社会发展中起到了日益重要的作用。到民国初年，商会既是中国社会里重要的社团法人，同时也在中外交流中扮演着关键角色。商会诞生的重要意义在于，商人开始摆脱以往个人和行帮的落后形象，取得了社团法人的地位，形成为一支统一和独立的社会力量，其能量大为改观，是名副其实的近代新式商人团体。

商会组织与旧式传统的会馆公所相比，最大的不同，在于“组织”二字，这时开始引入西方议会制的一些因子，形成较为完善的组织系统，有了明显的近代特征，组织结构不仅实行选举制度，还制定了类似监督与弹劾制的规定，以及具有现代意义的开会议事制度，通过创办具有商品展销会、博览会性质的商品陈列所、劝工会、奖进会、劝业会等，培养工商业者的竞争意识，促进实业发展。商会以比较常见而固定的形式，定期召开有各业会董和会员参加的会议，相互之间随时接洽聚议，受理商事纠纷，协调捐税等，商讨各项有关兴利除弊的措施。

▲ 清光绪二十八年（1902），为应对与外国的谈判而匆匆设立的上海商业会议公所，是为上海总商会的前身。图为部分成员合影

上海商会是中国成立最早，影响最大的商业行业组织，有“第一商会”之称，在中国近代史上占有重要地位。照理说商会是经济团体，主要职能应该集中在经济活动方面，但受民族危机加深、官府经济政策偏误乃至政治运动的影响，商会组织在近现代史上，踊跃发起或者积极参与反帝爱国运动的活动。1905年发生的近代史上第一次大规模抵制洋货运动，其倡导者和联络者

▲ 1917 年，设立在河南北路北苏州路 470 号的上海总商会门景

▲ 1916 年上海总商会第三任会董合影

▲ 上海总商会议事厅大楼南楼（今北苏州路 470 号）

就是近代中国“第一商会”的上海商务总会。

1904年，清廷屈辱地在10年前与美国政府签订的含有歧视和排斥华工的条约期满，美国政府蛮横拒绝了清政府取消歧视华工条款的要求，双方交涉数月无果，激起在美华侨和国内各界的强烈义愤。这年5月，上海商会召开特别大会通过议案：“美国不允许将苛例删改而强我续约，则我华人当合全国誓不运销美货以为抵制。”会后，上海商会公开致电清政府外务部、商部强烈要求拒绝签订续约，同时通电全国21个重要商埠的商会，“以伸国权而保商利”为号召，呼吁各地商人采取一致行动，抵制美货。这场由商会发起的反帝爱国运动最终虽未完全达到目标，但却沉重打击了美国对华经济侵略的势力，具有重要的历史地位与影响，商会的显著社会能量也因此而为各界所瞩目。

商会的诞生虽然得益于清政府的“劝办”支持，但成立之后的商会并不是官办或半官方机构，而是具有明显独立性和自治特征的商办新式社会团体，有时甚至还由于为商请命，与各级官府发生矛盾和冲突。商会又积极组织商人参与了收回权利运动，反对西方列强攫取中国的铁路修筑权和矿山开采权，并号召商人踊跃集资认股自建铁路和自办矿产。这场运动也具有反帝爱国性质，不少商会人士认识到“路权即国权”，民族工商业的发展“皆随铁路以进行”，因而维护路权的决心十分坚决。广大商人也踊跃响应商会的号召，向新成立的商办铁路公司积极认股，从而在当时形成了一个自建铁路的小小热潮。

▲ 1946 年 10 月 3 日，吴县商会同仁庆祝恢复商会活动一周年，在虎丘塔影桥上的合影

上海商人在商会组织引领下，发展势头更加迅猛，在激烈的中外经济竞争中作用彰显，代表新兴工商业、以工厂商号名义加入的“分帮会员”数量越来越多，力量也逐渐壮大。

究竟汝须要几钿

——账房财会

财务人员称为“会计”，至今沿用，不过那是一个古老的称呼，其内涵与现代会计制度的概念大相径庭。对于算账与记账，古代叫“度支”，俗称“账房先生”。就以“会计”这个概念来说，如果追溯它的起源，《史记·夏本纪》就有记载：“禹会诸侯江南，计功而崩，因葬焉，命曰会稽。会稽者，会计也。”也就是说大禹王在江南茅山召开诸侯“绩效评价”考核的计功会议后死了，遗体安葬在茅山上，并把茅山更名为“会稽山”，这个“会稽”便是今天“会计”的起源。还有记载，西周时代就没有专门核算官方财赋收支的官职——司会，并对财物收支采取了“月计岁会”。《孟子·万章下》：“孔子尝为委吏矣，曰：‘会计当而已矣。’”无论是“会稽山”的会计，还是“月计岁会”，多少反映出了会计的主要功能，会算、会计，还具有管理会计运用的重要工具。

民间生活里的账房先生，虽说是给人管账，可以获得一些银两谋生度日，却也难以归入到“手艺人”一类。在乡村生活中，无论是红事还是白事，几乎是要整个村子出动的，一边贺喜或吊唁，一边出劳力帮衬。少则数十人，多则一两百人，如此宏大场面，没有一两个有头有脸有威望的人主事，恐怕不行。而那些被东家郑重其事地请来的管理者，也统称为“账房先生”。账房先生主要负责记账，另外叫一个人负责收钱，也许就是会计与出纳的分工。账房则根据东家的操办规模，决定雇用多少劳力。大到所有开销物品的采购，小到厨房里的每一道菜肴，事无巨细，必亲力亲为。在一个讲究礼数的乡村社会，若是一个座次没有排好，就会弄得掀桌子

▲ 晚清账房先生工作照，一人在记账，两人敲打算盘

▲ 1890 年拍摄的晚清账房办事员

▲ 1925 年 3 月，上海会计师公会正式成立。图为该会银质徽章

砸板凳，甚至不欢而散，多年亲戚老死不相往来。

账房先生还要练得一手好字。会写各种婚娶请柬、字样、招约、契约、礼单、封箱、白事挽联的格式和内容；还得会拟写对子，有的东家会要求“账房”先生根据姓氏、名字拟几副对联，不光要懂得各种场合的应酬，天文、地理、历史、书法、古典文化等都得涉及，还必须熟谙人与人交往的礼仪。礼仪是处理人际关系的一大学问，在一定意义上它反映了古老民族的文明传承和乡情风俗。写礼账也是个辛苦活，精力得高度集中，倘若收钱的人马大哈，人多一忙把钱收差了，有时是写账的人笔误，多写或少写了，就容易生出是非，甚至由收钱或记账的人吃赔账。这一角色，非普通人所能胜任。

当然，城里的各行各业都有账房先生，要掂量、核算、算计，民国叶仲钧所撰上海竹枝词《当几钿》写道：“世上贫民最可怜，东西

▲ 20 世纪 30 年代，上海公司店号里的账房先生

▲ 1936 年 1 月 10 日，上海大新公司正式开张。图为该店老板与财务人员等在手扶电梯前合影

拿去换铜钱。当商执物高声问：‘究竟汝须要几钿？’”很是生动形象地说出了当铺里账房先生算计的情形。

清末民初，中国社会开始转型，传统账房先生的算账法，既需要理论来指导，更得有制度来执行，此前一直沿用已久的会计簿记就遇到了挑战。鸦片战争后，中国的商业会计出现了一个中式会计的改良和借贷复式簿记的引进同时并存的局面。1905年蔡锡勇的《连环账谱》一书，为中国引进借贷复式簿记之开端。

在江南还出了两位能称得上“会计宗师”的先贤，一位是谢霖（1885—1969），另一位是潘序伦（1893—1985），这两位中国会计界的先驱，堪称近现代会计师制度的创始人。1918年6月，谢霖备述理由，向北洋政府财政部和农商部建议，制定了会计师制度。同年9月7日，农商部颁布了《会计师暂行章程十条》，并随即颁发给谢霖第一号会计师证书。1921年毕业于圣约翰大学的潘序伦留学美国，获哈佛大学管理学硕士及哥伦比亚大学经济学博士学位，1924年回国后，任上海商科大学教务主任兼会计系主任，上海国立暨南大学商学院院长。20世纪20年代后期起，他先后创办立信会计师事务所、立信会计专科学校和立信会计图书用品社，他将现代会计理论带回中国，并告诫学生“夫学识经验及才能，在会计师固无一项可缺，然根本上终究不若道德之重要”。终其一生，恐怕没有比立“信”更重要的事业了。

▲ 清代以前的讼师形象

▲ 20 世纪 30 年代，外国律师工作照

讼氓满庭闹如市

——讼师律师

传统观念提倡道德和教化，而不是要人们撕破脸打官司，普通民众整体文化水平不高，写状也是件难事。不过，当专门代理诉讼的办事员和技术含量较高的讼师出现后，诉讼案件陡然增多，直接影响到封建官僚大老爷们的政绩与利益了，他们自然会对“多事”的讼师们深恶痛绝，不断打压、查禁，情节严重的甚至可以杖责流放。讼师不仅在官方文件中多跟“刁民”同义，在传言、故事中也多是狡诈、诡辩的奸人之相。这让不少讼师不得不另外找个“体面”的职业作为掩护。在那个时代，讼师是一个为主流社会所不齿和边缘化的职业。

“讼师”一词首先出现于南宋，宋代讼师记录之多，历代少见，甚至影响到了文人诗歌创作，南宋陆游《秋怀》诗：“讼氓满庭闹如市，吏牍围坐高于城”就是一例。至明清，讼师行业越发兴盛，尽管讼师的法律地位始终没有得到官方的正式认可，但这些传统民间法律服务者的身影却频频出现在近代中国的法治进程中，在“律师”一词正式出现前，很多早期字典就曾将“lawyer”与“讼师”对译，如第一位来华的新教传教士罗伯特·马礼逊所编写的《华英字典》就译为“讼师”。西方“lawyer”在近代中国有多种对译，如“律师”“法师”“法家”“状师”“讼师”“辩护士”，甚至有译为“讼棍”“光棍”的，不一而足。

古代社会很早就将刑事案件和民事案件区分开来，民事案件以“讼”称之，刑事案件以“狱”称之，古时没有现代意义的律师，人们常把讼师（或称状师）等同于律师，“厌讼”现象又普遍存在，“厌”主要是涉及人身关系和财产关系的民事纠纷。基于中国特有的乡土性质的社会特征，传统法律文化是属于“宗法—伦理”式的法律文化模式，民众至今对打官司、上法庭仍有厌恶甚至畏惧之情。

旧上海的俚语中，有用桂花来借指蹩脚而起码的东西或人物，有“桂花大姐”和“桂花律师”的说法，据说是起源于旧上海的洋泾浜英语。喝酒干杯时的一饮而尽，外国人称为“Quaff”，到了洋泾浜英语中却被念成了“桂花”。后来，其意思又延伸为狼吞虎咽不会细细品尝食物的粗俗行为；而进一步延伸的结果，是用桂花来比喻蹩脚的东西或人物了，真应该为“桂花”鸣冤叫屈了。

提起律师，人们不免联想到古代同样与法律打交道的讼师。讼师在中国古代所起的作用，大抵是用自身的法律知识有偿帮人解决纠纷，具体包括代写书状、贿赂通吏、教导讼学等。因古代社会普遍存在的“厌讼”情绪，封建官府力图减少治理成本，官员和儒生往往极度鄙夷厌恶讼师这一群体，并极度宣扬其狡诈、贪婪、逐利等形象，以警示民众远离这一“危险”的群体。社会学家费孝通就曾记录乡村社会中人们对讼师的看法：“一说起‘讼师’大家会联想到‘挑拨是非’之类的恶行。作刀笔吏的在这种社会里是没有地位的。”

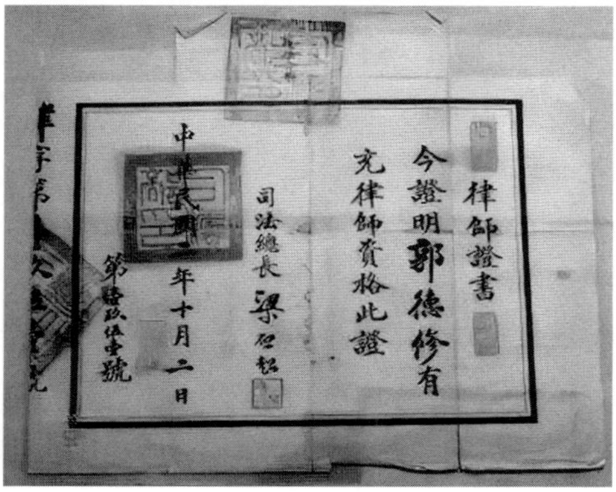

▲ 民国时期的律师证

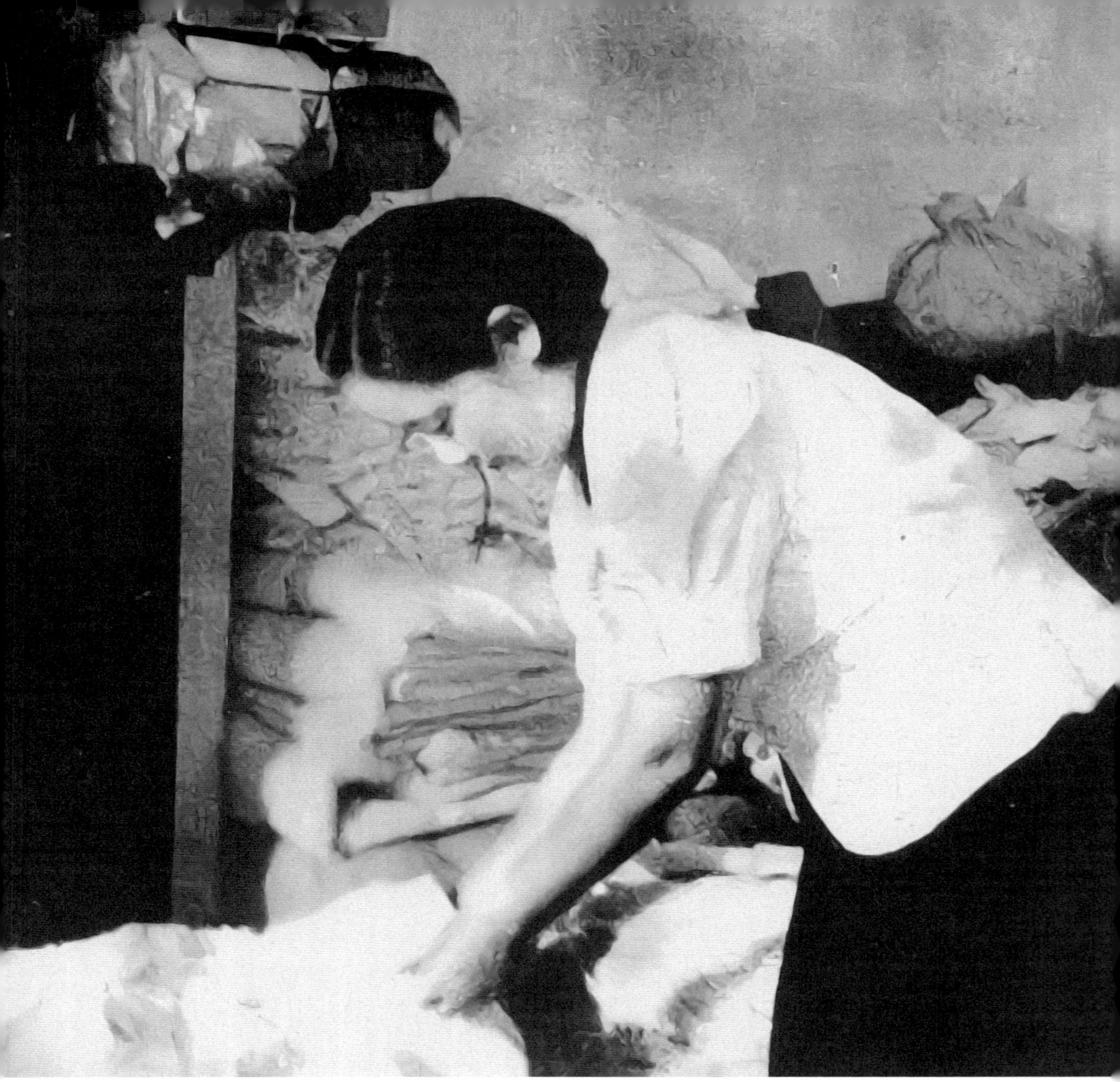

▲ 1937 年 10 月，上海著名律师史良向抗日将士分发慰劳品

民国时代，社会转型，人口聚集，社会生活中的矛盾纠纷不断滋生，官方提供的法律服务又不如人意，从而促使律师队伍快速增长。可在律师职业刚出现时，社会公众对它的认知都比较差，20世纪30年代，《申报》曾有文章尖酸地评论道："现在那些狂吹法螺的大律师，就是过去的贼头贼脑、刀笔害人的老讼棍。时代不同，名称也不同，实际上是换汤不换药，更觉变本加厉。过去讼棍欺骗，是藏头露尾，作些偷鸡盗马的勾当。现在律师敲诈，公然明目张胆，有

▲ 1946 年，无锡律师公会成立纪念合影照

降龙伏虎的神通。”俚语“桂花律师”就意味着律师形象不佳。

很显然，现代律师与传统讼师，在维护社会公平正义方面以及其他很多功能上都有很大差别，但传统习惯势力是可怕的，就连民国初年担任大总统的袁世凯邀请曹汝霖入阁时，因曹是律师出身，袁世凯还曾提出过类似的问题：“律师不是等同于以前的讼师吗？”可见，社会公众对律师行业的误解很深，律师在诉讼中承担的是代理人或辩护人的角色，因其为犯罪嫌疑人辩护的职能，使得不少民众产生了误解，认为其“有奶便是娘”，谁给钱就给谁说话，甚至认为律师两头通吃，“吃完原告吃被告”。偏见会给社会公众带来深深的阴影，这些阴影需要岁月来磨平。

春蚕到死丝方尽

——学堂教员

自隋代起实行了1 300年之久的科举考试制度，到1906年得到终结。1909年，全国五万多所新式学堂里，在校学生超过160万人，同年“庚款兴学”遣派留美学生计划开始实施，这意味着新一代的中国

▲ 1917—1919 年间，大学里的课堂，图为语言学校的教师向学生讲授解题方法

脊梁和中国先生，就将从新式学堂和留学生中诞生。据霍益萍教授《近代中国的高等教育》提供的数据，1912年至1949年毕业的大学生总数25.5万人，1934年，中国高校共有108所、学生41 768人、教员7 205人，其中教授2 801人。学生不多，先生不少。

在北京大学的教授群体中，既有发起新文化运动的陈独秀、李大钊、鲁迅、胡适、钱玄同、刘半农、沈尹默等，又有政治保守而国学精深的黄侃、刘师培、黄节、辜鸿铭、崔适、陈汉章等先生。投考北大落选但发表过佛学《究元决疑论》的梁漱溟、地质学家李四光、作家莎菲、应邀从日本回国的徐悲鸿，都因与主张"思想自由，兼容并包"和"教授治校"的第六任校长蔡元培结交而获教席。1918年的217位北京大学教员中，教授90位，平均年龄30多岁，通过教学、文章和社会事务，他们的影响力辐射全国，成为领导全国青年治学、爱国、改造社会的先生。

说起上海交通大学的前身南洋公学，许多人以为是南洋群岛的南洋华侨创办的，其实完全没有关系，此南洋非彼南洋。鸦片战争后，清廷被迫开口岸通商，天津和上海是两个重要口岸，天津属北洋，上海属南洋，上海的南洋公学因此得名。洋务运动的代表人物盛宣怀在

▲ 1935 年，南京金陵女子大学校长吴贻芳（右 2）与三名教师合影

两地分别建了一所高校，北洋大学（天津大学的前身）和南洋公学（上海交通大学的前身）。南洋公学并不是为华侨办，而是近代著名的洋务派代表人物、被誉为“中国实业之父”和“中国商父”的盛宣怀所创办的。

盛宣怀“自强之道，以育人才为本；求才之道，尤宜以设学堂为先”的思想也影响了后起的教育家黄炎培，给他诸多启蒙之光，1912年，黄炎培被任命为江苏省教育司司长，他拟定了《江苏今后五年间教育计划书》，提出了想要开教育先河，须扭转旧式学堂重理学轻手演，重清谈不务实的陈疾旧病的倾向。1914年，黄炎培卸任教育司司长之职，以《申报》记者的身份，游历全国，对中国教育的时弊有了更深刻的切肤之感。他发现学校教育脱离社会实践，各种学校除升学以外，别无他路。黄炎培迫切地寻求解救之良方。

1915年4月，黄炎培随北洋政府考察团赴美考察。这次考察给了他一个明确而坚实的答案，明确了兴办职业教育的方向。随即他在上海发起“中华职业教育社”，次年创立中华职业学校，为个人谋生、个人服务社会、国家及世界增进生产力之准备。其后黄炎培办校无数，桃李满天下，是把教育与职业紧密相连的务实先生。

1927年陶行知在南京晓庄创办了试验乡村师范学校，试图培养一批具有农夫的身手、科学的头脑、改造社会的精神、康健的体魄和艺术兴趣的乡村教师，然后由他们去办乡村学校，改造乡村生活。尽管不久学校即被封闭，但陶行知仍是一位值得尊敬的志在改造乡村的平民先生。

蔡元培说过：“教育者，养成人格之事业也。”那时的先生，少专家，多杂家，即在多个

▲ 1924 年，大学里的一位教师给学生讲课，动情之处双手竖起了大拇指

▲ 1940 年大夏大学（今华东师范大学中山北路校区）一群教师的合影

▲ 20 世纪 40 年代，上海高校文科教师合影

领域都是专家；不擅评职称，更擅长个性教学法；有知识，更有情怀；有性格，更讲人格和品格；教学相长，更倾力爱护学生；不独守三尺讲台，更在广阔的社会舞台上展示大国民风范；学贯中西，热心时政，更能为国家担当。1932年黄炎培提出教育切于生活的必要性：“盖知识日增，欲望日高，而生存之能力不伴以俱进，徒令厌苦其寂寞之家庭，奋欲脱之，而实莫能名一艺以自适于天演界。”他痛恨当时只图虚名的教育、玩物的教育，主张学校的课程设置，处处与生活相关，校内设施，处处与社会联系。这与我国“两耳不闻窗外事，一心只读圣贤书”的传统教育思想大相径庭。

教师是以传播知识为主要工作手段的职业，所以，具有丰厚的专业知识是做好教师工作的前提。教师，教人先正己，为师先做人。学生亲其师，才能信其道；听其言，才能效其行。用高雅的举止、良好的形象来影响和塑造学生，更要以身体力行、率先垂范来引领学生，就是李商隐那句有名的诗句所说的“春蚕到死丝方尽，蜡炬成灰泪始干”，唯当一心皈依于大道之德，才是芸芸众生觉悟光明的正确取向，也是为师者的人格目标。

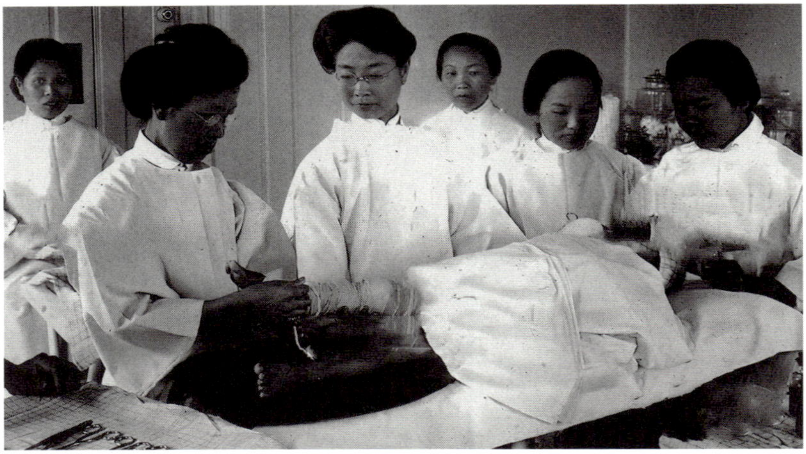

▲ 清末民初教会女子医院医生为儿童做腿部外科手术

吾华之争羡西医

——西科医生

自古以来，中国人都相信“病不延医”的观念，如著名学术大师郭沫若曾经回忆他少年时代生过一场伤寒，父亲为他请过许多中医，还有镇上的“赵太医”，都没有能治好，最后父亲要他什么药也不吃，竟然起死回生了。他曾经感慨地说过，许多病其实是可以不药而痊的，这就是天下许多庸医能够糊口的原因。郭沫若的这一说法是否成立，有待研究。不过，人类与疾病抗争，“万物莫不有生，即万物莫不有疾。医所以养其生，治其疾也”，也有一定的合理性。所以，在传统中医看来，“大抵患病者，养身为上，服药次之”。

近代以来，国人每当出现普通的身体病痛时，往往遵循经验，顺其自然；而不是积极地寻求医生的救治。时人常言，如果得了小病后，完全可以不用服药，可以顺其自病自愈，“病则听其自然，是亦保身之一法”。这种看法，根源于中国古老的哲学，就是将身体看成是一个以五脏为中心、内外相连的天人合一体系，历代医家“言阴阳必及五行，言五行必及阴阳”的常理，阴阳、五行与气三者浑然一体，并且阴阳和五行还贯穿了气的流动。这就是为什么人们在对待身体疾病时，常常遵循“病不延医”，宁可拖着，也不去就医的缘故。

19世纪以来，西学东渐，西方医学通过多种渠道传入中国。起初，大多数国人对西医缺乏深入的接触和了解，他们信奉西医的一个原因就是“喜西医之简便与西药之奇异”。在没有科学地认识西医之前，很多中国人在治病上自作主张。一些人根本不遵医嘱，有人甚至把开的药一次吃完，有的人在病情好转后就不再继续治疗，很多人不敢接受西医麻醉手术。

早期洋人的教会医院首先出现在广州、上海、福州、宁波等通商口岸，西医初来之时给中国穷人施舍医药，带有明显的福利性质，因而不被生活相对富足、骨子里充满文化优越感的人士认同。最早尝试接触西医的社会群体，实际上是两部分人，一是社会底层无力求医问药的穷苦人，二是经中医久治不愈的病人。这些人“最先冲破了人们心中的防线，疑惑的坚冰一旦打开，贫病的中国百姓纷纷涌向教会医院”。

到19世纪末，报章杂志上有关西医院的介绍就逐渐多了起来。《点石斋画报》以生动的画面，描写了西洋医生“仁医济世”的场景。这家画报刊登了多幅西医为病人诊疗的画面，如“著手成春”“西医治病”“收肠入腹”“西医治疝”“剖腹出儿”“瞽目复

▲ 20 世纪 30 年代，上海医院的医生在白色防疫车前合影

▲ 20 世纪 30 年代，上海一家医院两位外籍医生用显微镜做实验

明”“妙手割瘤”等，反映了西医大夫神奇医术和良好职业道德的真实写照，同时也反映了当时中国人对待西医治疗的态度。那些关于西医医院的正面报道，反映了民众接纳和提倡西医的开放心态。从疑忌到接触试用，对比后信服，连国学大师俞樾也指出：“吾华之争羡西医也，莫不称其精于外科，而不知其内科尤精”，西医之所以精于内科就是因为它对生理解剖有准确的了解。国人对西医西药的认识也不断加深，一些豪门贵族还将子弟送到教会医院自费学习西医。多数居民“有病辄就院治”，而不再像过去那样愚昧无知，遇到疾病就求神拜佛了。

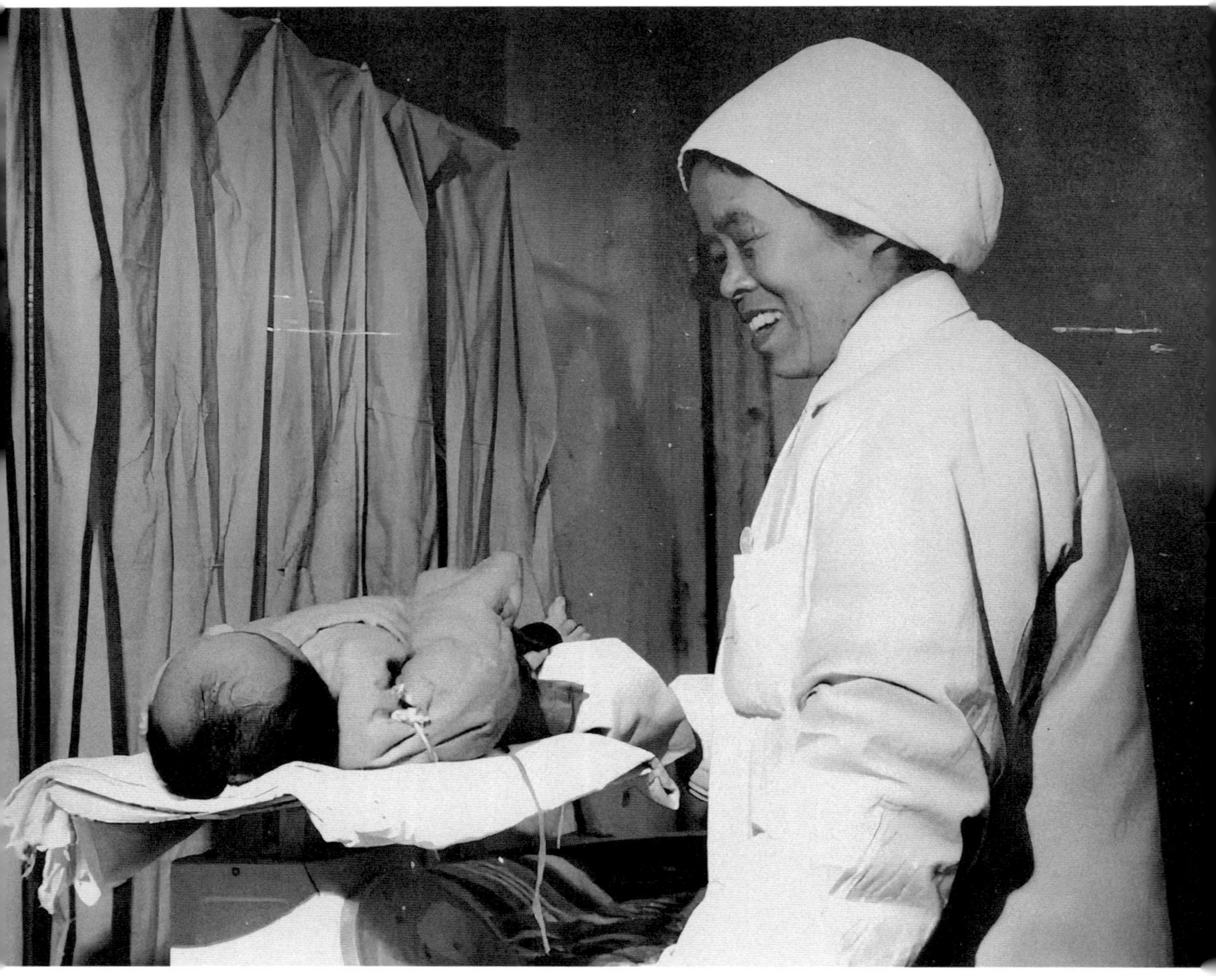

▲ 20 世纪 40 年代，上海儿科医院的一位老医生，喜笑颜开地望着一个康复婴儿

▲ 1933 年 12 月永嘉县立医院临时诊疗所诊察室

上海广慈医院（今瑞金医院）1907年10月13日开院，取名“圣玛利亚医院”，中文意为“广为慈善”，故称作广慈医院。医院的发展目标从开业之时即定位“贫富俱收、更求完善”。建院之初，医院仅设内、外两科，有2名法籍医生，8名具有护士资质的法国仁爱会修女，门诊患者主要由修女施诊给药，法租界公董局的一名医生不定期来开设门诊。起先就诊者不多，后因一名患者在建造徐家汇天主堂时从脚手架上跌落，濒临死亡，经法籍医生佛来松手术后康复出院，引起轰动，声誉鹊起。到1932年，医院分设内科、外科、产科、眼科、耳鼻喉科、皮肤科和电疗科等7个科室。后广泛培养一批中国留学生医学博士，震旦大学医学院的优秀毕业生也纷纷加盟西科医生的队伍，至20世纪40年代，医院病床数达到780张，建筑面积4万平方米，临床科室10个，医技科室5个，管理科室7个，职工总数356人，学科齐备，成为当时远东地区规模最大的一所教会医院。

专供仆役作曹丘

——荐头行里

“荐头店”，又称“荐头行”，它是旧上海推荐、介绍女佣的一种特殊场所，刚刚到达上海城里的农妇村姑，举目无亲，人生地不熟，甚至连交流的语言也感到困难，想找到收留她的东家是很困难的；而城里一般想找佣人的大户人家也不知道到哪儿可以找到女佣，于是，荐头行或叫荐头店就成为一个新兴的中介行业。这种行业在近代中国可以说南北都有，呈现出不同的地域特色。

一首作于20世纪30年代的竹枝词说得很清楚：“开店缘何叫荐头，专供仆役作曹丘。倘能合得东家意，两面皆须索报酬。”讲荐头店是“专供仆役作曹丘”的，就是将“仆役”一类出卖劳动力的人介绍引荐给东家使唤的，有点类似于今日的家政服务介绍所，介绍引荐成功后，荐头可以从“仆役”和“东家”两方面获得一定的报酬。一般而言，荐头店的介绍费为第一个月工资的百分之十，即四元的工资要付四角的荐头钱。荐头钱通常由东家负担，也有东家与被雇佣者各负担一半的。如试用期间雇佣的东家感觉不够满意，待雇佣者须向荐头店交纳三四角钱的介绍费。

▲ 清末《图画日报》刊载上海社会之现象“蚁媒贩卖人口之刁恶”

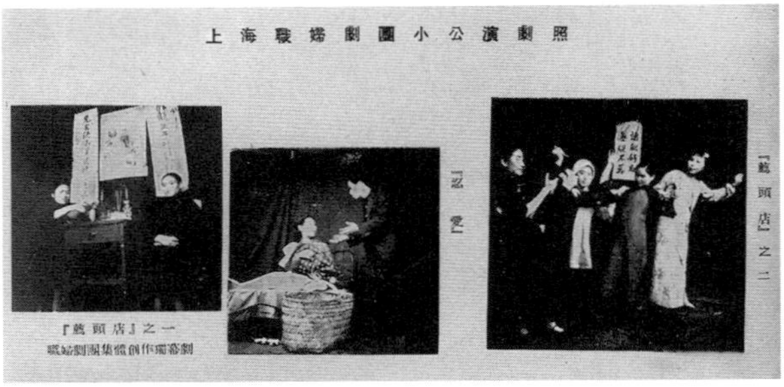

▲ 1939 年上海职妇剧团公演《荐头店》的剧照

《清稗类钞 · 奴婢类》记录了上海早期荐头店的情形：“上海之介绍佣仆者。曰荐头，有店，设于通衢，以苏州、常熟、扬州为最多，且有松江、通海、绍兴、杭州、宁波人所设者。男女佣仆均可介绍。……扬州荐头有证书，大姐工资大约半于娘姨，每领一人至，给荐头酒钱若干。试用三日，议定工资，即先须付一月，以后月杪照付。荐头用钱，则视工资多少，抽取四成，主仆各任其半。例如工资每月银三元，则主仆各出六角。如有意外之事，虽可向荐头追问，然若辈类多狡猾，每不负责。佣仆之黠者，且常有盗窃钱物、串拐妇女之事也。”荐头店有苏帮、扬帮等的分别，三五家列肆相望，都标明籍贯，使受雇者随籍而至。店主多为妇女，凡愿投身充役者，预谋铺保，同赴该行接洽。登之簿册，坐待招唤。受雇者先试三日，以定去取。合者，按第一期工价十分之一为介绍费及一定的车资，给荐头。此费有主家独任，亦有主仆各半者。荐头行为谋业者开方便之门，至于借此拐掠，或为奸淫媒介，则非当行本色，应置之别论。

葛元煦在《沪游杂记 · 女荐头》中也介绍，雇佣女仆必由女荐头处唤来，无锡乡间荡口镇人最多，男仆亦然。上海这类荐头店一般是开设在靠近热闹地段，特别是小菜场附近的街头巷尾。当时有不少所谓“姑苏老荐头店”。在单间的房屋中，有的还设了一只泡开水的老虎灶，靠里摆着一张八仙方桌，几只椅子和几条长凳，板壁上挂上一张月份牌，或者玻璃镜框里装上一张关公看《春秋》的画像。左右两旁长凳上，坐上好几个中青年农村妇女，等候雇佣，这就是荐头店的一般情形。因为是苏州人开的，就冠以“姑苏”两字，门口挂一块招牌，日久多以姑苏荐头店为名，几如陆稿荐一样，加一个老字，自称为老牌。江北人和上海人开的，相比之下似乎没有苏帮吃香，也有冒充为苏帮的，因为吴侬软语使人听起来有甜蜜蜜的感觉，特别是青楼妓院喜欢雇佣苏州来的娘姨大姐，可博得狎客的好感。20世纪20年代上海租界里名为“荐头店”的职业介绍所，就达两千家左右。数目如此庞大，可见当时的荐头业之繁盛。

雇佣娘姨大姐者大多是老板、买办、官僚、寓公、遗老、大亨、

▲ 晚清上海大户人家雇用的女佣，大抵是从“荐头店”介绍而来

▲ 20世纪20年代，在上海的美国传教士家的保姆

闻人、老鸨以及从外地逃避来沪的地主、富商，当然也还有笔耕的作家文人。自1853年小刀会起义军占领上海县城以后，上海城内以及江浙两省的地主富商，纷纷逃避至上海租界，以后又经历了太平军进攻上海、清政府灭亡、民国肇建、齐卢战争、北伐战争、日寇侵华，失意的政客、军阀、地主、商人来沪暂作栖隐，这班大人先生大多喜爱赌博和抽吸鸦片烟，在乡间易被人敲诈，且迭遭兵灾，身家性命，朝不保暮，只有上海租界是一个安乐窝，嫖赌吃喝，可以畅所欲为，因此上海租界人口激增。住下来总得有人伺候，有的是自己带来，更多的是就地招人，况且娘姨也不是终身职业，很多人做个三年五载积累了一些钱财或年老就还乡了，于是荐头店这个行业也就生生不息并得到发展了。

▲ 1947 年，荐头店里人满为患，等待被雇主挑选

▲ 20 世纪 30 年代，上海的一家歌舞厅

八音筒里写相思

——跳舞女郎

西人的生活方式，通商之后随之传入中国，在租界生活的西方人为了打发闲暇时光，开始在上海租界内举办舞会跳起了舞。最初只是在豪华大饭店，如新卡尔登、派利、大华等，它们基本都是集餐饮、影院、舞厅为一体。舞厅的经营者一般还多为外籍人士，伴舞的女郎主要是白俄或日本女人，参加舞会的人也多为外国人和极少数的所谓权贵大亨之流。

1915年，上海新世界游乐场开幕，拉开了国内营业性舞厅的序幕，在新世界里，大家可以享受吃西餐、看电影、打台球等新式娱乐活动，1918年新世界游乐场开设了“跳戏场”，可以看西方美女们的跳舞，当然也可以让她们陪客人跳舞。那时，尽管跳舞之风兴起，在中国民众中还是影响有限。

1927年以后，各种娱乐方式进一步渗透，充满异国风情的交谊舞也进入了人们的圈子，舞风大开，属于永安公司的大东舞厅正式对

▲ 20 世纪 30 年代，上海辣斐花园里的跳舞厅

外开放，这是大上海第一家面向老百姓的营业舞厅。那些原本生活还算稳定、安分守己的人们，对跳舞活动立刻像着了魔一样趋之若鹜。跳舞也随即由小众的活动变成了上海市民首选的娱乐项目。位于愚园路与极司菲尔路（今万航渡路）转角的百乐门是1933年底开业的，《申报》对它极尽赞美。《上海洋场竹枝词》有诗描写沪上西人跳舞时场景："玻杯互劝酒休辞，击鼓渊渊节奏迟。入抱回身欢已极，八音筒里写相思。"华人女子也参与到伴舞之中，舞女与歌女一样，迅速爆棚激增，成为上海舞场的主要力量。一时之间，市场上的舞鞋、跳舞长丝袜、女士跳舞带供不应求。

跳舞的火爆程度，使舞厅堪称夜生活的王者，与之一起诞生的舞女这个新的职业也迅速走俏，鼎盛时期，上海各类舞场超过50家，从事舞女职业的人员超过15 000人，以至于一段时间内，舞厅和舞女成为民国时期都市生活的象征。1936年，中国舞女已经占全部舞女的90%，从业者难计其数。这些舞女最初来源于一部分娼妓，行政当局严厉禁娼，很多妓女无以为生，只好纷纷转行，有的摇身一变就成了当红舞女，丝绸旗袍，珠光宝气。这可羡煞了习惯奢侈生活的女明星，甚至将在校女大学生也被吸引来了，成为了上海滩第二批舞女。她们文化水平相对较高，有一定技能或修养，如开汽车、骑马、说外语等。这些红舞女接触的往往都是一些有钱有权的人士，如外籍人士、企业家、官员、高级职员等。

随着舞厅大众化的趋势不可避免，舞女职业化应运而生，早期的舞女包括一些电影演员、当红名妓和女学生，后来逐渐走向平民化，糊火柴盒的女孩或者纱厂女工，微薄的收入无法满足她们的生存需要，也加入到这支队伍中。做舞女，尽管名声不佳，但收入毕竟可观，她们会坐在舞池边的座位上，等待舞客的挑选。因为跳舞需要搂着腰，她们是靠着卖腰来挣钱，因此有了“货腰女郎”的外号。还有

▲ 20 世纪 30 年代，上海百乐门舞厅外景

赚不了钱的舞女，或者姿色稍差，或者不善言辞，在舞厅坐一晚上也没有客人挑选，被称为“吃汤圆”，她们被称为“汤圆舞女”。

▲ 20 世纪 30 年代，上海百乐门的西洋乐队

▲ 20 世纪 40 年代，上海舞厅的舞女

然而舞女毕竟是吃青春饭，这种依附于男性舞客的生存方式，不仅没有契约的保障，更没有道德和感情的羁绊，遭到很多人的反对。特别是在全民族抗日战争时期，前方将士浴血抗战，后方舞厅淫奢之风，闹得乌烟瘴气。待抗战胜利后，有识之士遂提出禁舞。到1947年7月4日，市政当局颁布了《厉行节约消费办法纲要》，明确规定“禁止营业性之跳舞场”。但如何处置靠舞厅吃饭的一批人呢？一下子就成为一个社会问题，就在市政当局为解决舞女问题提出各种建议时，上海的舞业从业人员开始抱团抗争，多次参加请愿大会，为了避免事情闹大，市政当局提出抽签决定关闭的舞厅，但抽签结果被认为是舞弊，一下子又点燃了大家的怒火。1948年1月31日，众多舞业从业人员开始抱团聚集，对国民政府进行抗争，在斗争现场，秩序失控，疯狂的人群将国民政府社会局大楼所有物件都砸了，仅40分钟，社会局三层大楼就成为空壳，这就是民国时期著名的舞潮案。这场风波引起了全社会的关注，几百名舞女被抓，但参与者都否认打砸，抗议活动也得到市民广泛同情，最后当局为了平息事态，正式逮捕了69名相关人员，在强大的社会舆论压力下，上海当局只得收回禁令，各个舞厅依旧夜夜笙歌，人生几何。

▲ 1860—1890 年上海乐队和乐师

引得游人绝爱怜

——民艺艺人

旧时江南的城镇街头，还活跃着一批街头艺人，他们的营生无关艺术风雅，只与日常生活相连。或许他们只是为了赚钱或者维持自己的温饱生活，增加叫卖的吸引力，许多街头艺人兼做流动摊贩。他们一边吆喝商品，一边从事说书、杂耍、博彩等娱乐活动，展示自己的独门绝技。

各种工匠、各色民间的绝活，看西洋镜（北方人叫拉洋片）的、卖棉花糖的……也有兼在岁时节令兜售贩卖相关泥塑、面塑品，满足市民的部分信仰需求及其世俗表达。在春节、元宵、清明、端午、中秋、重阳、腊八、灶神日、除夕等一年中的不同时节和祭祖之日，街头艺人通过自己手里的绝活来赢得市民的青睐。虽然属于一种变相贩卖的形式，但事关民众的精神生活，也强化了广大民众百姓信仰方面的世俗化特征。清末无锡文人杜汉阶《梁溪竹枝词》咏无锡泥人的一首竹枝词云：“一丸捻就作婵娟，引得游人绝爱怜。常把桃花坞中土，换来仕女几多钱。”说的就是这个意思。

▲ 清末上海街头表演的街头艺人

上海的“捏面人的”更有特色。面塑是用糯米粉和面加彩后，捏成的各种小型人物。主要出现在嫁娶礼品、殡葬供品中，也用于寿辰生日、馈赠亲友、祈祷祭奠等方面。其艺术的特点是“一印、二捏、三镶、四滚”（泥塑的步骤），还有“文的胸、武的肚、老人的背脊、美女的腰”，将这古老习俗贯穿于节庆日子的始终。上海滩面塑行当，最富盛名的当推被人称为“面人赵”的著名面塑艺术家赵阔明，他生在北京，出身贫苦，从小卖苦力，做过堂馆、小贩、轿夫、车夫等。20世纪30年代，赵阔明来到上海，做过街头艺人，结识了上海面塑艺人潘树华，并吸收潘的艺术之长，使技艺进一步提高。他的创作题材广泛，内容以传统戏剧和神话传说为主。作品人物形象逼真，面部刻画细致，衣纹简练概括，神态生动，色彩鲜艳丰富，被称为“立体的画，无声的戏”，在国内外享有很高声誉。通过长期的摸索，他掌握一套使面人能够长期保存的办法。因此，他制作的面人，不霉、不烂、不裂、不变形，也不易褪色，有利于长期收藏。他的代表作有传统题材作品：“福禄寿三星”“观音”“长眉罗汉”“五子戏弥勒”“钟馗嫁妹”“关公看春秋”“林冲”“捉迷藏”，当然还有许多表现现代题材的作品。

说唱艺人的街头表演最富吸引力的就是通过说唱说新闻，讲故事，往往能吊足观众胃口，使顾客慷慨解囊。用上海方言说故事，伴随着各种有趣的手势，还不时用木块敲击桌子，以引起围观者注意；

像玩木偶的人一样，他们非常擅长用声音的不同效果来表现骏马的奔驰声和大炮的轰隆声，眼看着故事就要到真正的高潮，就会摆个噱头，欲言又止，这样的街头表演是许多民众每天翘首以盼的乐事。对于孩子们而言，每天短时间地接触类似的街头文化——包括露天表演、商业演出，构成了他们关于认识这个世界启蒙教育的一部分。假如将这些民歌俗曲整理成文本，既赓续了以文学为本位的明清民歌的传统，也为近现代民歌研究做了学理与观念、路径上的准备，接近于一部内容全面、情节生动、细节丰盈的中国近现代民众生活史，是社会学、民俗学、文艺学研究的生动文本。

吴中民歌，以情取胜，近现代苏州民歌中，如《新文小热昏》《劝马占山》《奋斗胜利，山海关大战》《抗日阵亡将士追悼会歌》

▲ 晚清江南演奏传统乐器的艺人在演出

等，通过街头艺人的街头演唱，焕发了别样的光辉，取得了惊人的传播效果。上海《时报》所载“三月桃花红纷纷，香闺中走进俏郎君”，这个“俏郎君”不是“郎啊妹啊”中的“郎”，而是英勇抗战的十九路军将士。这些结合时事，启蒙民众的表演采用民歌形式，介入现实，劝世醒民。换言之，以“表情”见长的苏州民歌，并不全是桑间濮上软款温存，在特殊的历史时期，也多有陶渊明《读山海经》所谓“刑天舞干戚，猛志固常在”式的篇什存在。

从某种意义上可以说，民国时期的街头艺人充当了民间文化传承人的角色。保存了一种“口头传统”，还凭借着手上的绝活，织布、剪纸、弹奏……将一项项精巧的民间艺术传承下来，使民间文化有了延续生命的空间。

▲ 民国才女江南苹在吹笛子

▲ 20 世纪 30 年代，江南古镇上的民间艺人，几个好友聚在一起拉胡琴，场面生动

第六章

流通消费形态与传统金融业

19 世纪中叶，上海凭借远东最大工商业港口的优势，经济迅猛发展，吸引大量人口涌入，“五方杂处”的格局逐渐形成，人口密度持续攀升。19世纪70年代后，上海城市经济重心向租界城区转移，商贸及为其服务的金融业也随之迁移，租界成为商贸中心，上海发展为全国最大的通商巨埠。而中外商家林立、华洋客商云集的租界，也以“洋场”而闻名。

民国时期，在民众民族主义意识觉醒、民族工业发展和政府政策支持的背景下，华资银行迅速扩张，改变了中国金融市场的力量对比。张嘉璈、陈光甫等江浙籍银行家兼具留学背景与传统教育根基，巧妙融合中西方商业经营理念，将西方企业家的特质与中国本土商业重视同乡关系、儒家教育、绅商意识等特色结合起来，推动了银行和金融实业的发展。

清末，西洋资本百货公司在南京路外滩附近开设，带动众多中外商店入驻，从清末开始有福利、汇司、泰兴、惠罗等四家外资的百货公司，被称为“早期的四大百货公司”。从1917年起，先施、永安、新新、大新“新四大公司”相继开业，它们不仅销售高级舶来品，还集旅馆、娱乐等设施于一体，营造了新水准的都市生活空间，推动南京路成为上海最大的商业和娱乐之街。

这一时期，上海逐步形成同业拆借、外汇等多个金融市场，为实体经济提供支持，成为全国乃至远东地区的国际金融中心，证券、外汇等市场的活跃度远超东京、香港等地。同时，上海也是亚洲最大的黄金交易中心和世界第三大证券交易市场。

1928年11月，南京国民政府的中央银行在上海开业，宋子文兼任行长。北洋时期的中国银行、交通银行转型后与央行分工合作。央行凭借经理国库等多项权利，强化了上海资金集散能力，使其成为金融决策和监管中心。国民政府采取政治与经济、金融中心分离的策略，通过废两改元、法币政策等金融改革，推动上海现代金融中心的建设，上海迎来金融业的繁荣期。然而，1948年，随着国民党政权走向溃败，上海爆发了震惊中外的金融风潮，给金融发展带来巨大冲击。

▲ 1936年四大公司大楼相继建成，奠定了南京路以华商为主体的繁华商业街区，盛况前所未有

一枝火树高烛云
——新式商业

民国时期的上海，其繁华程度令许多历史学家也感到惊异，堪称“一座上海滩，半部民国史”，上海滩是民国时期的具象符号。从中可以看到整个民国时期的缩影。首先我们看一组当时的上海经济数据：

1937年，上海发电量为11亿千瓦时，占全国总发电量的45.5%。与城市规模同样匹配是当时上海的经济实力。1933年，上海工业产值7.3亿，约占全国12大工业城市产值的66%；而当时排名第二的天津工业产值仅为7 400万。20世纪30年代的上海还是亚洲最大的黄金交易中心、世界第三大证券交易市场。（上海市地方志《上海电力工业志》“上海电力工业的发展历史”）

从上海市镇的兴起到最终成为国际性的大都市，商业自始至终都是最关键的推动因素。这一关键因素不仅是上海经济的命脉，而且在

▲ 民国初年上海城隍庙街市

形成有利于上海成为大都市的上海人的某些特征方面，同样有着直接的作用。商业街市的马路上，不时有有轨电车穿行而过，十六铺码头汽笛声此起彼伏，各种老字号的商铺叠床架屋，夜上海车水马龙、灯红酒绿、歌舞升平。大壶春、沈大成、小绍兴、小金陵、泰康食品、老大房、七宝汤团、本帮菜馆……都是经过岁月沉淀的味道；再看巷弄、仓库、旧公司、书局、戏院、旅社、药铺、老街市、南货店、夜校、洋行、茶馆……市井生活扑面而来；黄包车、老路牌、有轨电车轨道、独具风情的旧海报、老式广告牌，目之所及，让人恍若隔世；酒吧、戏院、歌舞厅鳞次栉比，诠释着老上海的复古摩登；香烟、花露水、雪花膏、香粉等，密密麻麻的广告灿若星辰……

以前，上海没有“路”的概念，只有“弄”“街”“坊”等，南京路是上海建设的第一条城市道路，上海由此开创了城市道路的通名使用“路”的先例。有意思的是，租界当局在“大马路”南京路南面，依次修筑了与“大马路”平行的东西走向的道路，直到延安路止。这些道路被上海人按建造的顺序，俗称为二马路（九江路）、三马路（汉口路）、四马路（福州路）、五马路（广东路）、六马路（北海路）。更

▲ 1930 年 7 月，宁波的街市

有意思的是，从外滩到西藏中路人民广场这块的地名，也基本有个规律：凡南北走向，都以全国省名为路名；凡东西走向，皆以我国某座城市命名。据说，当年英租界官方向工部局提出，路名太混乱，公众不容易记，于是就形成了以中国省名和城市名来命名的做法。

南京路东段，不能看成是普通的商业街市，它是上海“十里洋场”的起点。由一条小马路嬗变为“街市广阔房屋高敞”的繁华商业街，见证了上海近代文明发展进程，积淀了深厚的历史内涵。东西向的南京路与多条南北向的道路相交，由东西向依次是四川路、江西路、河南路、浙江路……这些道路之间的距离都比较小，往往不足百米，一方面无形中增加了沿街店铺的数量，加大了每一个地块可利用的商业价值；另一方面，每一个地块的面积较小，即使单价较高，总的地价仍旧可以控制在较低的水平，开发建房的起点降低了，有利于市场的繁荣。

这样的街区尺度比较小，也更加适合步行，容易人气聚集，光顾者络绎不绝，人气自然旺了起来，这也是上海具有浓厚商业氛围的基本成因。今日的南京路东起外滩、西止延安西路，全长5.5千米，以西藏中路为界，分东西两段。1853年福利公司开业，1862年，屈臣氏、老德记药房等14家洋行开张，9家洋布呢绒庄等在此开设。随着城市的发展和舶来品的大批涌入，南京路这块风水宝地商业急速发展，相继开设了数以百计的大店、名店，南

▲ 1920 年前后的苏州观前街街市

▲ 1945 年的杭州街市

京路遂逐步向西延伸至西藏路、静安寺。随着“永安”“先施”“新新”“大新”四大百货公司的崛起，“十里洋场”南京路便成为上海乃至全国最繁华的商业大街。这里云集着中国最早的电灯、最早的电报、最早的电梯和屋顶花园，又是钢琴和唱片的发祥地，清末还承办过“万国禁烟大会”。1882年，英国人立德尔等合伙筹集5万两银发起成立上海电气公司，在南京路、江西路西北转角创办了中国第一家发电厂，清末黄协埙《淞南梦影录》中诗云：“电气化作琉璃灯，银海光摇目为眩。一枝火树高烛云，照灼不用蚖膏焚。”这不仅是中国最早的照明电灯，也是上海称雄于亚洲的象征。

阛阓居奇百货盈

——百货公司

定位上海城市空间，百货公司是一个绝佳的视角。民国时期是我国历史上文化融合、社会变迁最为激烈的时期之一。社会对各类文化非常包容，辛亥革命的推动，民国的建立，扫除了政治上的一些束缚和障碍，南京临时政府颁布系列法令鼓励兴办实业，加上以“抵制日货”为代表的群众性反帝爱国运动的开展，“实业救国”逐渐成为与民主共和并列的两大思潮之一，包括与工商业相关的商人、官僚阶级的兴起，以及“消费文化”的出现，正是这些新的因素成为大型百货公司出现的沃土。清乾嘉年间的《上洋竹枝词》云：“阛阓居奇百货盈，遐方商旅满江城。洋行街上持筹者，多学泉漳鸠舌声。”阛阓的意思是街市、街道，借指店铺，更进一步也借指民间。

与传统封建专制主义作斗争的新兴资产阶级，清末的一批传统知识分子，打破“学而优则仕”的观念，下海兴办实业，投身民族工商业，用西方的工业文明和商业文明，力图改变贫困的家乡和羸弱的祖国。他们点燃的“振兴国货”的商业文明火种，照亮了近代商业发展的道路。

作为近现代过渡期，在内忧外患的逼迫下，中国社会各界纷纷开展发展国货的运动，各种办法殊途而同归，最终都汇入了救国救民的时代大潮中。南京路上很早就有英资开设的福利公司、惠罗公司、泰兴公司（今连卡佛）和汇司公司，合称为前四大公司。商业街东段既然已经被外人捷足先登，那么就到西边另起炉灶，后来陆续成立的由华人出资经营的百货公司，几乎都选择在南京路西端开业，“先施”“永安”“新新”“大新”，抱团取暖，便是俗称的新“四大”百货公司，不仅形成了一个华人百货为主的商业区，而且改变了西边的街景，连商业模式也在改变。

坐落在南京路西侧的华人百货，与东侧的洋人百货最大的不同点，就是率先将“屋顶游乐场”推出。汇中饭店1906年建成时，其屋顶就是作为社交场所，供人们聚会、观赏黄浦江风景，但其性质是私人俱乐部，使用的人群大多为外侨。百货公司附带屋顶游乐场的思路，源于清末报人孙玉声。他在日本观光时，看到东京某些大楼的屋顶都辟有花园，设置游艺杂耍项目。受此启发，他回国后与商人黄楚九谈及此事，一拍即合。1912年，黄楚九与英国买办经润三合作，在湖北路南京路转角的新新舞台楼顶创办上海第一家屋顶游乐场——楼外楼，瞬间在上海掀起了一股娱乐消费新风尚，这是上海乃至中国屋顶花园游乐场的发端。其后，1915年黄楚九开设的“新世界”，1917年开设的

▲ 1897 年的上海福利公司

▲ 上海惠罗公司初办情景

▲ 20 世纪 20 年代，上海永安公司

“大世界”，有剧场可看剧、有茶室可听人说书，还有哈哈镜等当时新奇的装置，收费比起百货公司楼层内的商品低廉不少。

百货业推出“屋顶游乐场”，成为当时上海最时髦的娱乐项目。此后，新新公司和大新公司都开设屋顶花园，大大促进了消费的人气，公司大楼除了百货营业部分、旅社部分，最顶上几层开设的茶馆、杂技、电台、饭店、电影院等中西流行的娱乐项目都属于屋顶乐园的概念范畴。事实上，百货公司的其他部分包括整个建筑虽均以国外先进商场案例为标杆，其建筑功能、体量和外立面都具有典型的西方现代建筑的特征，但其内部仍然有非常浓厚的中国文化意象：中国传统园林式布局的屋顶花园，亭台楼阁、花石假山；书画部的设立，特地请上海书画名家当场作画等。

中国人最喜欢的人气聚集和热气腾腾的场面，被四大百货公司用游乐场的方式得到了展现。有的甚至整天开着唱机，还用高音量的扩

▲ 1928 年的先施公司

▲ 1928 年的新新公司

音器播放出来。百货公司大楼的外表是西式的，舶来的，但它的灵魂却依然是地地道道的中式内涵。百货公司大楼内部出售的商品，虽然洋货不少，然在人气经营方面，仍以中式为主导，如娱乐项目设置、内部装修的处理，这是洋人开的百货公司所难以做到的。在商品经销方面，华人经营的百货不仅采用“什么都大”的新式大楼建筑，更将销售模式改成用“开放式玻璃柜”“明码标价”，既遵守现代商业制度，讲究贾德，注重诚信，还善于揣摩消费者心理，迎合不同主顾的要求。总之，随着百货业的兴起，商品观念深入人心，工商气象席卷全国，国货品牌意识觉醒，快消品、日用品、轻工业品开始走入寻常百姓家。

商鼎周彝酬万镒

——古玩店铺

上海古玩市场始发于清咸丰年间，素来有“古物收藏的半壁江山”之称。通商之后，随着与西方列强的贸易大幅增加，出现了腰缠万贯的商贾大亨，他们对古董收藏也情有独钟。有句老话一直流传着：“盛世藏古玩，浊世买黄金。”进入上海的外国人发现，他们很容易就能在地摊上发现“具有深厚历史内涵的中国古物”。这些中国古物无不引起那些高鼻子蓝眼睛洋人的好奇心。而那些淳朴憨厚的上海本地人也发现，家中毫不起眼的坛坛罐罐竟然能卖“洋钿”。渐渐地，上海出现了一支收藏中国古董的队伍。清末黄协埙曾于《淞南梦影录》卷四中引袁翔甫《望江南》的词句：“申江好，古玩尽搜探。商鼎周彝酬万镒，唐碑宋帖重千镰，真伪几曾谙。”充分反映了当年上海滩古玩市场的风貌。

早先是一部分为躲避太平天国的战火，而来到上海避难的南京和苏州一带的古玩商人。开始因为资金有限，就因陋就简，设摊于老城隍庙一带；清同治元年（1862）前后，回族古玩商马青山在邑庙

▲ 1913 年 10 月，上海寄英国明信片所载上海广东路古玩一条街

（城隍庙）内开设第一家名为“恒益兴”的珠宝玉器店。日子既久，马青山与他的同行，就以“四美轩”茶楼作为洽谈生意的场所，名曰“茶会”，实际上在交流或者交易洽谈古玩生意。“四美轩”茶楼在1932年“八一三”事变中被日军炸毁，其位置在今城隍庙豫园的玉华堂和玉玲珑石东首，是当时珠宝玉器和古玩交易的主要场所。

同治八年（1869），回族的哈弼龙在老北门开设了“天宝斋”古玩玉器店。随着“华洋杂居”局面的形成，上海古玩业也迅速从老城厢向租界进军。旧城与租界相接的晏海门（即老北门，今河南南路、人民路口）、障川门（即新北门，今四川南路、人民路口）均有古玩店分布。1910年，上海共有丛古斋、辟玉林、仪古斋、味古精舍、信古斋、坤记、萃古等7家主要的古玩店铺，其中有5家集中在老、新北门，形成了上海开埠后最早的一处古玩业较为集中的市场。

而租界里的古玩商铺几乎也在19世纪60年代逐渐形成气候，古董商人聚集于五马路（今广东路）江西路口的怡园茶社附近，形成了与老城厢相对应的

▲ 清光绪年间的上海古玩收藏家

▲ 20 世纪 20 年代，上海出售文玩古物的商号店铺

“北市”。起初当然也是怡园茶社内的相互鉴赏与交流，看货议价，慢慢形成古玩交易之地。交易既久，就常有外国人来此选购，交易日趋活跃。至20世纪20年代初，这里有古玩店18家，古玩摊100余位，成为全市最热闹的古玩集市。1921年，由上海清真董事会董事长马长生等人发起，在广东路191号筹建中国古物商场，供路边较大摊商入场交易。1922年出版的《上海指南》中曾有记载：“古玩则以老北门、新北门及河南路等处为多，一自通商以来，外人蓄意收集中国古物，国人营之者亦多销行外国，可得厚利。”

▲ 上海古玩书画金石珠玉公会徽章

▲ 20 世纪 40 年代，老上海的古玩瓷器店

1922年8月，中国古物商场正式开张营业，总经理王汉良，总账房王养之，经营者中回族人士占50%以上。据《征信录》等资料的估计，市场内有店铺70家左右，规模比较大的有钟永林、沈铭卿、刘锡祥、马纪鸿开办的店铺，另有沙锦记（王汉良）、鲍新记、锦祥记、屠张记等。总体上店铺规模呈两头小中间大的纺锤形分布。当时古玩店铺的店主称为经纪人，他们都拥有市场提供的一枚价值1元的徽章，作办理买卖手续等之用。古玩非一般消费品，它的价格随本身的稀有程度、买主的喜好以及古玩市场的供求关系而变。只要有收藏者喜欢，愿意出高价购买，它就从收破烂的手里转至卖旧货的地摊上，又移到古玩号的柜台里，再经手一个或几个更大的古玩商，最后到达国内或者国外的收藏家手里或博物馆中。

20世纪30年代初，公共租界工部局动工拓宽河南路，这迫使原先位于此处的古玩店不得不迁往他处。同时，受1931年“九一八”事变的影响，北方难民纷纷涌入上海。其中有一大批前清遗老、失意军阀携带着黄金现钞、古玩细软来到租界做起了寓公。为了维持他们奢靡的生活，昔日收罗而来的一件件古董渐渐地送进了店铺。自此，古玩商品的主要来源从外出收购而一变为待客上门。基于生意上的便利需要，许多古玩店就在离老、新北门不远的公共租界五马路（即广东路）集中开业，从而形成了旧上海著名的广东路古玩一条街。

当铺店倌夜壶锡

——当铺质押

当铺，在中国是一个很古老的行业。有学者将这个行业追溯到汉代，还有学者认为产生于宋，民国时期治经济学的学者宓公干著《典当论》，认为产生于南北朝。主要证据是《南史·甄法崇传》里的一段话：“法崇孙彬，彬有行业，乡党称善，尝以一束苎，就（荆）州长沙寺质钱，后赎苎还，于苎中得五两金，以手巾裹之。彬得，送还寺库，道人惊云：尝有人以此金质钱，时有事不得举而失。檀越乃能见还，辄以金半仰酬。往复十余，彬坚然不受。”这个记载中的“质”和“赎”，就是一个完整的典当过程。其中提及的“寺库”，

▲ 清末上海天潼路当铺，那时也称押铺或小押店

▲ 20 世纪 20 年代，南京街头的一家当铺

▲ 20 世纪 20 年初，上海当铺和小押店

就是寺院仓库以施舍之闲资兼营典当的专门机构，也就是最初的“当铺”雏形。

如果从南北朝说起，话题太长。实际上古代人质押借贷，应该属于民间金融的一部分，由于古代总体上的借贷机构管理不够成熟，质押典当也是老百姓走投无路时的一种融资方式。据经济史家的统计，到清末民初，典当业出现日趋萧条的趋势。当铺是一种以物品作为抵押发放高利贷的行业，收当的物品包括衣服、皮货、被褥、首饰、古董、字画、碑帖、金银铜锡器具、家具等。一般按所当物品价值的50%—80%支付现款，月息3分，江浙地区当期多为18个月。当物人如果在到期前赎当，则所押物品归还原主，如果到期时无力或放弃赎当，所押物品就变成死当，当铺就将这些物品按市价出售给旧货商、珠宝商，可以获取丰厚的利润。典当行业需要巨额资金，而且获利丰厚，许多王公贵族、高官富商纷纷染指这个行业。

清末民初政权更迭频繁，社会动荡不安，军阀割据，货币混乱，苛捐杂税，经济凋敝，造成典当业生存环境极为恶劣。由于民国时期西方现代金融对我国日渐渗入，传统典当业与钱庄、票号、票局及国内外资本兴办的借贷所、合作社、银行等众多金融机构处于激烈竞争中，未能及时转变经营理念，适应社会进步，导致典当满货亏损，资金枯竭，经营形势一落千丈。上海自辟为通商口岸后，随着社会经济的发展变化，典当业户数不断增加，据1944年统计资料，共有870户。

▲ 20 世纪 30 年代，上海当铺既可以通过抵押物品获得急需的现金，也为小业主提供资金周转

上海典当业主要分为徽州帮、潮州帮和本地帮三帮。

清末典当，按资金多少和规模大小，区分为典、当、质、押四类。最大的是典铺，资本较雄厚，赎当期较长，利息较轻，接受不动产和动产抵押，对押款额不加限制；当铺只接受动产抵押，押款定有限额；再次为质铺（山西、安徽称质，广东、福建则称按）；押店最小，赎当期最短，利息也最高。

清末民初上海的大中型典当，多系本地人和徽州人所开设。1937年日军侵占上海，租界以外的典当，多数被毁于战火。太平洋战争爆发，日军进入租界，大型典当相继关闭，小型质押店反而有所增加。在此时期，已无所谓当、质、押之细分，统称“典当”了。此外，还出现了不少变相的小押店，如“代客赎当”之类，实乃收买当票，赎取当物归其所有。抗日战争胜利后，市政当局对典当业进行整顿，日伪时期兴起的变相当铺都告结束。当时物价飞涨，货币贬值，典当暂存物品，未满期前所有权仍属当户，当当户赎回时，收回的钞票如同废纸，典当业更难以维持。

▲ 20 世纪 30 年代，上海当铺门前摆着小人书摊

当铺柜台前的执业者，一般称为“朝奉”，明清时期，江南素有“徽州朝奉，绍兴师爷”的民谚。绍兴人做师爷、幕僚的多，而徽州人开当铺的多。清人赵吉士在《寄园寄所寄》记述：宋时有朝奉郎之官。太祖初定徽，民迎之者皆自称曰“朝奉”，太祖曰：“多劳汝朝奉的。”皇上的这句金口玉言，给了行商四海的徽州商人不少“奉旨经商”的意味，似乎有些许优

越感，徽州有一首《日平常》写道：“开典当，真个稳，获得利兮容得本，估值当去无账赊，生意之中为上项。”还有一句“当铺店倌夜壶锡，除了当店没饭吃”的俗谚，后来这句俗谚在江浙一带被流传成了“徽州朝奉锡夜壶”。这句话也不一定就是贬义，说的是当铺执业者专业化程度高，从业时间长，一般不会轻易转行。倘若转到其他行当，将百无一用，好比是锡做的夜壶，染上了腥臊味，要它派其他用场，可就难了。

银钏金钗来负水

——银楼饰品

中国人从事金银饰品的生产历史悠远，制作、使用银器的历史更是源远流长，早在公元前金沙遗址，就有太阳神鸟的出土发现，战国时就有金银首饰业，唐代出现了正式的银楼，金银器首饰的使用已很普遍。恰如唐代诗人刘禹锡《竹枝词九首·其九》云：“银钏金钗来负水，长刀短笠去烧畬。”下山担水准备做饭的妇女们都戴着银钏金钗，足见金银饰品的丰富，以后经历各朝各代，银楼作坊工艺水平日臻完善。

▲ 裕记老凤祥银楼。1848 年创设于南市，1886 年迁入南京路，门上以巨型丹凤为商标

银楼主打金银饰品，为什么不叫“金楼”而称“银楼”？这是因为封建社会里等级森严，黄金、珠宝一般都是朝廷大臣、王公贵族等极少数权贵们享有，黄金在市面上极少流通，银楼主要经营的都是以白银为主的业务，故称。到了清代，由

▲ 20 世纪初的上海宝成银楼

▲ 民国初期河南路上的杨庆和银楼门西

于经济的不断发展，金银首饰的手工艺水平也达到了登峰造极的程度，贵金属的雕刻、镂空、花丝、珐琅等获得了较大的发展，银楼的经营品类愈发丰富。鸦片战争以后，随着黄金在民间的进一步普及，银楼再也不是字面上只制售银饰银器的商店，而是逐步发展成生产金银首饰器皿及各类珠宝并从事交易的商铺。

上海第一家金铺，可以追溯到清顺治元年（1644）创立于华亭县的“日升”金铺。上海也是我国早期银楼业的发祥地。乾隆三十八年（1773），上海县城内第一家银楼——杨庆和银楼在小东门内庙前大街开设。10年之后，沪上八大船商之一、商号名为“郭万丰”的郭万丰船号独资庆云甡记银楼，在庙前大街长生桥口创设。光绪二十二年（1896）成立了中国的第一个银楼业同业公会——大同行（又被称为同义组），南市大东门花团街建造了银楼公所，规定上海银楼分为大同行、新同行、小同行，且每家银楼在上海最多可开三家分号。大同行包括凤祥、庆云、景福等几个字号，一个字号可由三家银楼共用，这样就形成上海的九大银楼格局，主宰着上海金银首饰业，上海银楼业也开始逐步进入规范化、产业化运作的进程。凤祥字号就分为老凤祥、新凤祥及凤祥和记。这九家大同行店家在制作传统中国银器的同时，亦接受外商的订单，这使得当时的银器样式和工艺出现百花齐放的局面。

清末根据《大清律例》的规定，婚姻嫁娶有一定的礼数，民间有“六礼备则婚成”的说法，“纳采、问名、纳吉、纳征、请期、迎亲”，六礼之中，少不了金银做成的首饰，如戒指、手镯、头饰，如钗、簪以及耳环、项链等。这些金银饰品均需向银楼定做。此外，无论城镇还是乡村，都盛行做寿的习俗，小孩满月、周岁，大人逢十，尤其是老人盛行祝寿礼。一般富裕之家往往以金、银饰品作为礼物相馈赠。

清咸丰三年（1853），随着上海开埠后商业迅速发展，江浙银楼业主开始向上海转移或开设分号。庆云仁记银楼是继杨庆和银楼之后位于上海老城厢的第二家银楼；创始于道光二十八年（1848）的裕记老凤祥银楼，光绪三十四年（1908）迁至南京路，品种繁多，大小齐备，在销金、铸造、鎏金、纹饰等方面技法纯熟，除专供观赏的造型艺术摆件外，欣赏与实用相结合的摆件也遍及各类器具，融汇

▲ 民国时期上海南京路裕记宝盛银楼，可见 1 路和 7 路公交电车车站篷

▲ 1931 年的上海方九霞银楼，是旧上海九大银楼之一

了中国传统的金银细工制作技艺精华，历经清朝、民国至今数代人的传承。

从目前所见到的银楼档案资料看，20世纪30年代是银楼由盛转衰的分水岭、转折点。为什么呢？这主要是因为女子剪发风气流行，导致首饰销路大减，南京国民政府推行新生活运动，女子盛行着便装，穿旗袍，剪短发，无须在身上披金戴银，江南地区除了少数农村女子结婚仍行旧规矩外，城里一般开明的女子均不需使用金银饰品。而在1935年，国民政府实行银本位，规定银为国有，民间不得私自售卖，这一政策等于是向银楼业经营合法性提出了挑战。虽经银楼业公会的呼吁和努力，当局最终还是允许银楼继续开业销售，允准民间金银饰品售卖，但规模已不复当年之盛。

1948年，市政当局实行“币制改革”，再次废止黄金买卖。银楼所有金条，均需遵令上交国家银行，违者以黑市买卖按律论处。在国民党政府盘剥下，上海乃至全国银楼业渐次凋敝。昔日金银首饰、珠翠钻石的璀璨与能工巧匠熔金锻银的辉煌终在时代洪流的裹挟下，无可避免地走向消亡与沉寂。

▲ 民国时期上海或周边城镇，街边小摊路人围观

花事不用到铜坑

——民间合会

民国时期，有一种民间借贷行为，叫“合会”，或者说“请会”。旧时，金融业不发达，一般下层百姓无法从银行、钱庄贷款。因为他们没有多少可供抵押的货物，而房地产，银行、钱庄怕麻烦，也不愿接受，故而百姓遇到生活中的急事在筹措无门的情况下，一下子拿不出钱来应对，就会与亲朋好友商量，邀请邻居中的好友聚会，称为“合会”，也叫“呈会”“请会”，大家互帮互助，以解燃眉之急。其方式一般由会首发起，约十来个亲朋好友，每人定期拿出一定数额钱款，第一期即由会首或最急着用钱的人使用。以后按约定日期，或一月，或数月，或一年，各参会人交款，由下一位参会人使

用，直至最后一位，这个特殊的“会”也宣告结束。这类全由民间自发，凭个人的人品信用执行的“合会”，正史中没有记载，却在民间很是盛行，成为民间资金融通的一种规约模式。当然，作为民间筹款方式，风险也是存在的，民间人士各色人等鱼龙混杂，“请会”的大量存在，也给一些不讲信用的钻营之徒提供了机会，以致纠纷时有产生。

民间借贷是一种历史悠久、在世界范围内广泛存在的自发式金融活动，主要指自然人之间，以货币或其他有价证券为标的进行资金融通的行为。如果硬要给它下一个定义，可以简单概括为：非官方批准的资金融通行为。

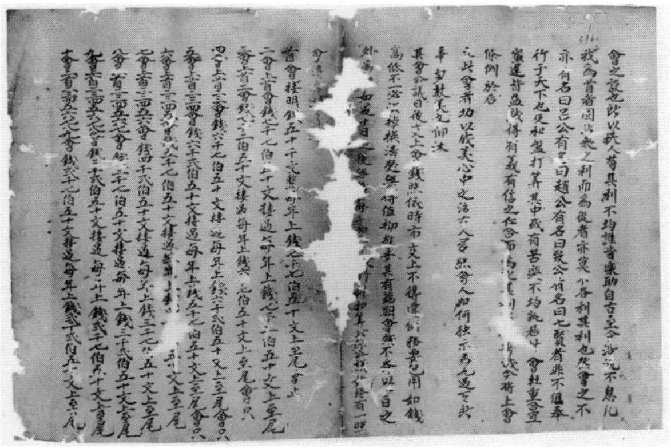

▲“打会”（或称“上会”）是清代民间集资并用集资借贷生息的一种普遍方式，此方式一直在民间流传。图为记账方式“苏州会簿”

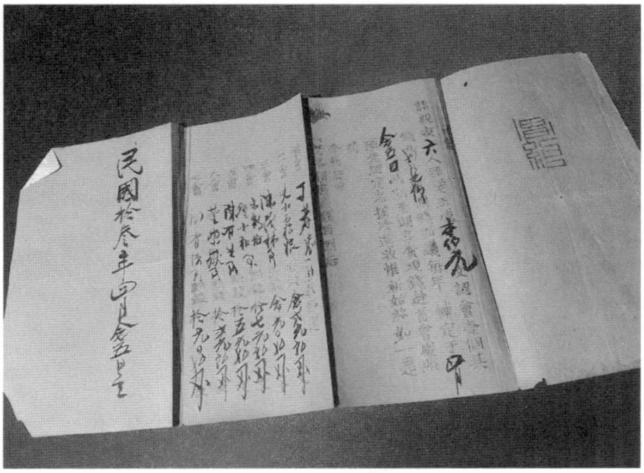

▲ 1924 年的民间集资做会，起会、打会、标会的簿记单

一般的做法是，发起人邀约一些人，约定一个筹集资金金额的总数，大家平均分摊并分次出资，经大家商议，约定规矩，定下先后顺序，在某一时间段内，“会”中的每个人分次（月）平均拿出等额的现金，依商议的顺序给某一个人，下次（月）又依顺序由另一个人收取大伙分次拿出的现金，类似于无利息的零存整取。参与“请会”的人，要么能在一定时间内筹集到一定额度的周转资金，且参与者相互间不需承担资金利息；又是一种积少成多，能在短期内凑足所需数额资金以解燃眉之急的借贷形式。要追溯这种民间借贷方式的渊源，可能会找到遥远的古代社会。清代无锡人秦三瀛竹枝词云：“太湖南畔雪纵横，十里寒光沁骨春。身在万梅庵里住，花事不用到铜坑。”一时急需，又

找不到融资渠道，这种“请会”与“合会”就给民众解决急难愁盼的问题带来了便利，一直盛行不衰。一般都是君子协定，不签字画押，靠个人诚信担保。当然，也有谈好条件后，即请一会写字的人在会首预备好的锦执上，写上某年某月某人请会交钱多少，由会首盖章或按手印，以此为凭。

1938年，费孝通在家乡进行农村调查，写成《江村经济》一书，其中第15章论及江苏吴江地区的合会情况，费孝通是用“互助会”来描述的：需要大笔款项时，向个人商借并在短期内归还常有困难，兄弟之间或其他亲戚之间的互相帮助也不能满足需要，这样产生了互助会。“互助会”是一个用词精准的概念，但民间的称呼还是叫“请会”或者“合会”。

请会的具体名目，大体分公益会、硬头会、月月会等。首先确定“会期”，又称“走期”，一般最长为一年期，最短以数月为限。请会成立后，以约定的“合会”总金额，由发起人和搭会人员平均分摊，并以所有参与人平均分次交纳，以减轻出资压力，约定请会的缴款时间称为“收会”或“上会”，依请会规矩交纳和领取筹集资金时称为“开会”。以参加请会人员的人数确立开会次数，其中顺序的确立至关重要，请会人依会规以摇骰子或拈阄决定先后顺序来得到筹集

▲ 20 世纪 30 年代，上海东嘉兴路上的人力车互助会总会

▲ 20 世纪 30 年代，上海电车公司职工互爱储蓄会合影

资金的称为“得会”。据此明确参与者得会的时间，分首期至尾期……以此类推到尾会。发起人大多是具有一定社会地位、信誉良好的商号或自然人。还有一种“月月会”，即“合会”成立后需每月摇会、产生一名得会人员，上会一次，交纳筹集资金，已得会者不再参与摇会，但必须按时足额上会。至于“公益会”，不是做社会公益，发起人请会筹集大额资金专项，因涉及资金量大，请会一次动辄需筹集数千银元，搭会者基本上是实力雄厚的商号或商家，请会时有相应书写契约对发起人和搭会者给予约束，得会者则以自己的房地产作担保，预防到时不上会或拖欠等不测和意外发生。

典当堂开用纹银

——钱币兑换

钱庄是中国封建社会后期出现的一种传统金融机构，起源于银钱兑换。因为专制的封建社会，长期存在的多元化货币制和多种货币混合流通状况，产生了货币兑换的需求。兑换业务起源于西汉，到唐宋有所发展，开始由金银店、柜坊等兼营。元及明初，官府欲专行纸钞，但民间仍用银锭和铜钱，银、钱、钞三品并行，推动多种公私机构商号兼营兑换业务。

明代出现“钱铺”，到明末钱庄已成为一种独立经营的金融组织，不仅经营兑换，还办放款，供给签发帖子取款的便利，原来在两地联号汇兑的会票，也成为钱庄发行有钞票性质的信用流通工具。随着钱庄的增多，若干小规模的兑钱铺、钱米铺等应运而生。这类机构虽规模有限，但在基层金融流通中扮演着重要角色。经营银钱业是最赚钱的生意，清代芝兰主人《都门新竹枝词》说山陕商人的钱业经营：“西商妙算果通神，典当堂开用纹银。就便亲爹新出世，三分一律不饶人。”说的是一些商人的精明，对什么主顾，用什么钱币，争取利益最大化。许多钱庄并非单纯做银钱兑换，往往还兼营炭栈、彩票，甚至开设米店，故许多钱庄因兼营米业被人称为“钱米店”。

▲ 1919 年路边的货币兑换摊点

古代职官依照等级发放俸禄，以钱为主，兼有粟、绫、绢、棉等实物。清代的俸禄基本是银米兼支，以银为主，既有本俸，又有加俸。古代官员的“工资”有米有田也有钱。在货币还不是很畅通的年代，人们的交易限于以物换物的形式，米作为一种通用的商品，人人需要，又是一种比较常见的物品。所以，以米为基准的交易得以盛行，米多自然也是身份显赫的象征，也就是现在习惯说的有钱了。上海话有句“空麻袋背米”的切口，字面意思是拿着空的麻袋去把米背回来，其实就蕴含着“空手套白狼”赚钱的意思。

清代之前长期实行“银本位制”，以白银为基准货币，白银称重计价，计价单位为“两”，故有“银两”之说。但白银价高，称重不太方便，社会上交易还是以铜元作为辅币，铜元论枚计算，一枚铜元为一“文”，千枚称“贯”，既然同时存在两种货币，白银与铜元之间就会有比价，就有兑换，白银与铜元的比价，维持在一两白银兑两千文铜元左右。清末银元、铜元和纸币的比价随行就市。于是，上海的大街小巷星散分布各种各样的兑换店，有的钱庄直接就是主营兑换业务，其他大多是烟纸店，杂货铺兼营兑换业务，这种店一般会在店门口挂一块写有大大的“兑”或“兑换”的招牌，告知路人，本店经营货币兑换。到了清末民初，银洋价不断升值，铜元价不断下滑，到1930年前后，一银元大概可兑2 700枚铜元。民国成立后，尽管“废两改元”，但不同的兑换点仍有兑换，据郁慕侠《上海鳞爪》披露：“常有相差到三四十文或五六十文不等。”小银元换铜元，或大银元换辅币，其兑价在四时八节都有涨落，差价甚至有百文之多。

有差价，就有利益，活跃在街头路边的各色兑换店，给市民的钱币兑换提供了方便，他们则利用差价赚一些钱。钱币兑换涉及银两、铜元、纸币以及钱币多种成色、版别、折价、鉴定、公估、兑换行情

▲ 20 世纪 30 年代，街头兑换洋元的小摊

▲ 20 世纪 30 年代，上海市内常见的兑钱小店

▲ 20 世纪 40 年代，上海兑换货币的小贩，俗称“黄牛”

▲ 1949 年，上海民间货币兑换处，美元与黄金互兑

及地区差价等复杂的情况，这就使得钱庄业务愈加活跃，除包揽兑换外，还大做存放汇和保管保证等业务，并发行钱票和其他票券，成为该期的主要金融机构，操纵兑换和金钱流通的大权。

20世纪20年代，在沿海地区，特别在五口通商地，钱庄、外国银行、本国银行一度成三足鼎立之势，随着银行业的发展，钱庄地位渐次沦落。1915年取消龙洋行市，1919年取消鹰洋行市统一洋厘行市，洋厘行情长期下跌。1933年实行“废两改元”后，银元行市逐渐统一。1933年规定以规元七钱一分五厘合银元一元为法定换算率，钱庄在银两、银元和兑换业务上的好处所剩无几；加上金融垄断资本挤压，钱庄更形困难，到全民族抗日战争时期已经奄奄一息。1935年，南京国民政府实行币制改革，废除“银本位制”，规定以中央银行指定的几家银行同时发行的纸钞为“法币”即法定流通货币，单一纸币的面值分元、角、分，每一种又有不同的面值，使用起来方便多了。因货币不需要兑换，那些大大小小、形式不一的兑换店就失去了存在的必要，这真是“流水落花春去也，天上人间”。

积久难寻避债台

——票据交易

所谓“票据”，实乃一种金融工具，也可以说是契约和凭据，就如同当今的支付宝，首先要有信用，人们才会用它交易。晚清时期的票号、钱庄则是让票据走进寻常百姓家，汇票、钱票、庄票的广泛使用，真切地融入了百姓的日常生活。外商银行的入驻，使中西票据相互融合，其种类也变得尤其丰富，交易制度、清算制度进一步完善，为票据功能打开新篇章，其以信用为本质特征的存取款凭证、汇兑、支付、结算功能打下更坚实的一面，融资功能也随即出现。

说到清代票号，不能不提晋商的兴盛。道光三年（1823），日昇昌票号创立，名字寓意为“生意如日东升，蒸蒸日上”。掌控日昇昌票号的财东，是来自山西省平遥县西达蒲村的李氏家族。首任大掌柜雷履泰，虽然是农民出身，却有着过人的商业智慧。他从异地商业汇兑中看到巨大商机，率先设立了日昇昌票号，晋商的兴盛与此时活跃于山西的票号所提供的金融支持有不可分割的关系，并且影响到了全国。19世纪50年代的上海尚无山西票号，到了1875年，上海便有了24家分号。到后来，上海钱庄所存的各种公私款项都由票号经手，其财力可见一斑。因票号有利可图，其他晋商纷纷效仿。一时之间，晋商开设的票号，如协和信票号、协同庆票号、蔚长厚票号、百川通票号、新泰厚票号、合盛元票号、大德通票号等，如雨后春笋一般涌现，在全国40多个主要城市开设分号。其中，合盛元票号除了在国内各大城市开设分号外，还将分号开到了日本神户、东京、大阪、横滨等地，开创了中国金融机构在海外设立分支机构的先例。晋商票号生意的充分发展，让财东赚得盆满钵满，掌柜和伙计都获得了不菲的收益，以至于当时山西流传一句民谣：“当官

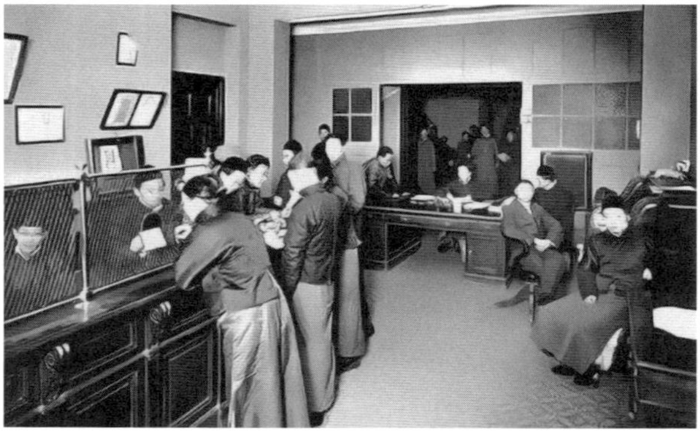

▲ 1913 年，上海万国储蓄会内景，爱多亚路（今延安东路）

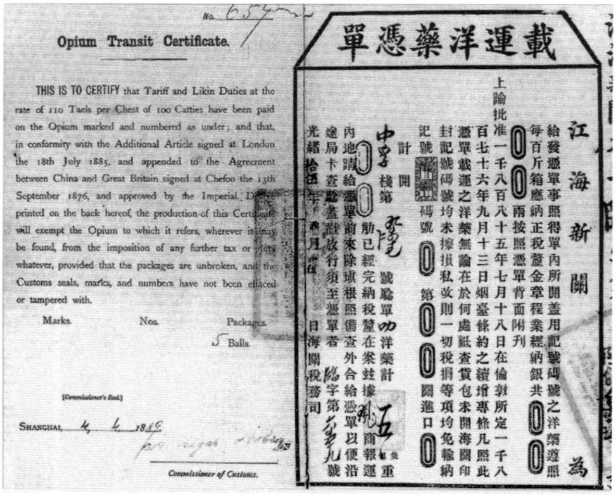

No.

Opium Transit Certificate.

THIS IS TO CERTIFY that Tariff and Likin Duties at the rate of 110 Taels per Chest of 100 Catties have been paid on the Opium marked and numbered as under; and that, in conformity with the Additional Article signed at London the 18th July 1885, and appended to the Agreement between China and Great Britain signed at Chefoo the 13th September 1876, and approved by the Imperial Decree printed on the back hereof, the production of this Certificate will exempt the Opium to which it refers, wherever it may be found, from the imposition of any further tax or duty whatever, provided that the packages are unbroken, and the Customs seals, marks, and numbers have not been effaced or tampered with.

Marks.	Nos.	Packages.
		5 Balls.

[Commissioner's Seal.]

SHANGHAI, 18

Commissioner of Customs.

載運洋藥憑單

江海新關為

給發憑單事照得單內所開蓋用記號碼號之洋藥遵照每百斤箱應納正稅釐金章程業經納銀共〇〇兩按照憑單背面附列上諭批准一千八百八十五年七月十八日在倫敦所定一千八百七十六年九月十三日烟臺條約之續增專條凡照此憑單載運之洋藥無論在於何處祇查貨包未開海關印封記號碼號均未擦損私改則一切稅捐等項均免輸納

記號 碼號 〇 第〇〇關進口〇

計開

棧第 號驗單 洋藥計 重

已經完納稅釐在案茲據 商報運內地請給憑單前來除填根照備查外合給憑單以便沿途局卡查驗蓋戳放行須至憑單者 字第 號

光緒 年 月 日 江海關稅務司

▲ 20 世纪 30 年代，上海中英文对照的江海关新关之海关凭单

入了阁，不如茶票庄上当了客。”言外之意，当什么官呀，还不如去山西人开的茶庄、票号里打工挣钱。

然而，到了19世纪末20世纪初，情势发生了变化，外国银行纷纷登陆中国，因外来银行产生于竞争强度更高的全球贸易环境中，凭借更具现代性的金融形式，自然会全面碾压清末的金融体系，相对于票号而言，银行在资本规模上更具优势；从资本组织方式看，银行采取股份有限公司制度，能够有效吸纳社会闲散资金、扩大资本规模，同时，在有限责任制度下，银行也避免了无限责任下的倒账之虞；外资注重准备金的提取，具备相对成熟的风险防范机制；近代银行诞生于西方工业革命后社会化大生产与产业资本迅速发展、民众生活水平提高、购买力增加的历史背景下，以服务现代工商企业、服务广大民

▲ 1945 年 11 月，上海华泰银号门前挤满了外币兑换的人群

众为主要金融功能，其制度与业务设置较之以资金调拨为主业的票号，具有更强的资本配置能力与经济效率。这些因素不断挤压着传统票号的生存空间。

当时，大清王朝谋划着组建大清银行，其间，清廷两次邀请包括日昇昌在内的山西票号参与入股，都被后者拒绝了。大清银行成立后，绝大多数官银汇兑业务都交给了大清银行，这对于严重依赖于官银汇兑业务的票号来说，几乎是致命的打击。1914年，日昇昌票号因为一件同行的债务纠纷，顿时陷入风雨飘摇之中。尽管日昇昌票号前任大掌柜梁怀文，直面各位债权人，开诚布公地说明情况，取得了债权人的信任和谅解，使得它免于破产，但经此打击，再无往日风头。1923年，日昇昌票号全部债务清理完毕，债权人同意以债转股，成为日昇昌股东，继续经营票号业务。1932年，终于难以支撑而改为经营钱庄，意味着“天下第一号”的票号终于谢幕，退出了历史舞台。恰如近代民族英雄林则徐在《回疆竹枝词》中悲愤写道：“金谷都从地窖埋，空囊枵腹不轻开。阿南普作巴郎普，积久难寻避债台”，很显然，现代银行最终替代票号，是金融发展与创新的必然结果。

▲ 1948 年，金融风潮中的混乱与无序

▲ 1949 年，上海街头的金融黑市交易

▲ 1947 年，上海市民因金融恐慌而抢购粮食

明年甩都甩不脱

——金融风潮

20世纪30年代，外国的银行、商行、总会等机构，都集中于上海外滩，外滩成为西方列强在上海的政治、金融、商务和文化的云集之地。从表面上看，外滩有联合哥特式的尖顶、古希腊式的穹隆、巴洛克式的廊柱、西班牙式的阳台，构成了令人目不暇接的旖旎风光。其实这里暗流汹涌，时不时地就掀起滔天巨浪，成为近百年里多次金融风潮的策源地，这些风潮一次比一次猛烈，直到发生国民政府统治覆亡前的法币与金圆券风潮……

1927年至1937年的南京国民政府主政时期，上海跃升为全国金融中心和远东首屈一指的国际金融中心。除了拥有完善活跃的股票市场、债券市场、票据市场、外汇市场、大宗商品市场之外，有54家银行设总行于上海，居全国各大城市之首。但到了20世纪40年代末期，国民政府治下的金融业早已千疮百孔，除了外资银行大量地退出、官僚资本银行仓皇去台外，那些曾经显赫一时的金融业大亨则陷入进退两难、首鼠观望的困境……在1947年全年和1948年的前三季度，国民党统治区的农村社会濒于解体，工业生产停滞不前，交通运输百孔千疮，通货膨胀每天都把法币的价值贬下一大截。打一个形象直观的比方，面值100元的法币，1937年，可买两头牛；1942年，可买一只火腿；1944年，可买一只小母鸡；1945年，可买一条鱼；1947年，可买一只煤球；1948年，仅能买4粒大米，可见贬值速度之快，金融业已几近崩溃。物价飞涨，民众的生活水准一落千丈。

一个可笑的例子是，当年走进小饭铺进餐，千万记得先付账，说不定一顿饭的工夫，饭价就会上蹿不少。在蒋介石的授意下，

▲ 1948 年，国民党军警在兑金市民队伍中维持秩序

▲ 1948 年 11 月 10 日，国民党政府取消限价法令，宣布金圆券大幅度贬值，“币制改革”失败。图为上海中央银行柜台前拥挤的兑金者

▲ 金融危机爆发，市民争兑黄金。图为 1948 年 11 月 29 日，银行前等待兑金的人群

1946年至1947年间，行政院院长兼财政部部长宋子文等人想出了抛售黄金和外汇的办法，试图回笼法币，抑制汹涌的通货膨胀，不料“轧金子”演变为来势汹汹的“黄金风潮案”，引发更大的社会动荡和物价上涨，上海的米价1946年涨了15倍，1947年涨了20倍，其他与市民生活密切的商品也无一不涨。金融风潮对近代中国各主要领域的运作都产生了负面冲击，特别是在整个社会都处于货币信用关系崩坏和市场严重失序的情况下，包括金融界在内的各阶层、各群体都难以幸免。

官僚特权势力狼狈为奸，趁机大肆贪污营私，有来头的早就用军饷、生产贷款，装上贴着封条的军车走后门交易了。轮到要排队的，十有八九是装装门面，虚张声势，连黄牛都轧不到，更何况普通市民。就像电影《乌鸦与麻雀》里的小商贩萧老板夫妇，非但未轧到金子，反而被黄牛党打得半死，落荒而走。做一件小买卖必须带上大捆大捆钞票，也是司空见惯的事了。经济的恶化，必然引起公众心理的彷徨、恐慌和失望。由于钱贱如纸，老百姓用纸币折叠起来做帽子、扇子，甚至当废报纸一样糊墙。于是外地有民众流传这样一首竹枝词：“一床席子四只角，中间有个人脑壳；今年得都得不到，明年甩都甩不脱。”

当年除了“轧金子”，其他生活用品都要轧。“轧”是沪语，意为抢购，衣食住行，食为先，抢购大米当然是重中之重。众人听见米店到了一批须凭户口本供应的户口米，连忙一窝蜂地拿着袋子赶去，结果都空手而归。轧不到户口米，吃不饱肚子的上海市民，竟然一反斯文，发生了抢米、抢糖果点心事件，并有多家米店、银楼被愤怒的市民捣毁。随后，这股风潮向广州、武汉、长沙等地蔓延，爆发相同的事件，全社会民怨沸腾，成为国民党统治走向崩溃的一个楔子。

面对这种情形，蒋介石又下令停止抛售黄金。但停售黄金，不仅未解决问题，反而引来了更为严重的社会问题，金价狂涨带动了物价狂涨，百姓生活成本大幅上涨，许多家庭财产缩水一半；商店则囤积居奇，不愿出售货物；许多企业都在风潮中破了产，抢购成为马路上的常见情景。

▲ 1948 年，上海街头的银元黑市交易

1948年，在解放战争正朝着有利于人民的一方发展时，国民政府开始了所谓的“币制改革”，推出了中国历史上极为特殊的货币——“金圆券”“银元券”，这是民国史上最大的金融骗局，其实就是对人民的一种无声的掠夺，有学者评论说：“几千万平民百姓的财产转眼间化为子虚乌有，一文不值。这严重地影响了民众的信心和国家的命运，也是国民党政府失去大陆的主要原因。”金融风潮直接导致了国民党政权的覆灭与败亡。

第七章

日常交往与社会空间

日常生活围绕人的活动展开，人类生存与发展的轨迹尽在其中。尽管不同个体与群体的生活存在差异，但生老病死、衣食住行等则是共通的生命体验。晚清时期，新的时间制度和观念兴起，深刻改变了人们对时间的感知与管理方式。扬・盖尔将公共空间活动分为必要性、自发性和社会性活动。自发性活动受环境便利性、安全性影响，社会性活动则是物质环境与人共同作用的结果。

不同类型的公共空间，承载着不同的社会功能。19 世纪中叶，上海福州路书局云集，吸引新知识分子会聚，成为现代文化的诞生与传播地。茶馆酒楼作为传统公共活动场所，江南地区素有“吃讲茶”习俗，人们在此解决生活纠纷。据此茶馆业兴盛起来。咖啡馆是上海开埠以后出现的，到民国时期，随着城市商业的日益繁荣，咖啡馆日益受到城市中产阶级的欢迎。虽在当时的大环境下，真正会享受咖啡的人寥寥无几，但喝咖啡这件事，却引申出了身份和地位的象征，知识分子称咖啡馆是“思想办公室”。

书场戏院里的演出，既是艺术创造，也是商业行为。在不同的历史阶段，形成了其讲究通俗、注重互动、关注市场等艺术创作，对于艺术内容和表演形式的更迭与创新，契合不同时代的价值取向，以开拓新的生存路径。公园长椅为年轻人谈情说爱提供空间，同时衍生出相亲等多元功能，展现出隐蔽与开放并存的特性。

供人们购物的商社、商铺，以及用霓虹灯、店招、吊旗、灯笼等元素打造热闹街景，营造出浓浓的时光和回忆的记事感，体现出“柴米油盐酱醋茶”的商业氛围，凸显了市井烟火气，街头并不是借来的空间，而是经济活动永久性的资源。

民国时期，社会生活处于变革之中，传统习俗与新潮观念、中式与西式生活方式相互碰撞。政治转变与现代化变迁，推动女性更多走出家门，城市公共空间成为她们日常经济活动的重要资源。在民国的时代浪潮里，民众的日常交往在传统与现代交织的社会空间中持续演进，不同空间承载的独特功能，共同构建起一幅丰富多元的社会生活图景，反映出社会在变迁中的复杂面貌。

▲ 20 世纪 20 年代，上海静安寺涌井路一带街景

有弄因张抚院名

——街头弄口

街头巷口，是小商小贩聚集之地，也是城市生活一道独特的风景线。贩夫走卒奔忙在这个社会空间，为自己的生计，也为社会公众提供服务。他们面带微笑，挑着担子，挎着篮子，走过街头巷尾，为人们提供各种生活必需品。生活虽然艰辛，但他们用自己的双手，持续着自己的生活。正是他们的存在，为那个时代的城市生活增添了一份质朴与纯真的色彩。

上海的弄堂不叫“巷”，“街头巷尾”虽是成语，但用在上海不甚确切，上海流行的是街头弄口。然而“弄口”会不会产生歧义呢？中华书局出版的《汉语方言大词典》对“弄”字的解释列有十三个义项，其中第一个义项为：名词，作“小巷；胡同；里弄”的解释，并引书证云：“《海上花列传》第二回：‘只见弄内家家门首贴着红笺条子。’《吴哥乙集》：‘十字弄口阿有高明郎中来一个，看好奴情郎。’”“街头弄口”是上海人生活的公共空间，可以反映老上海传统习俗和社会底层的大众生活。

晚清秦荣光《上海县竹枝词·里巷》云：“县前街直向西行，有弄因张抚院名。旧宅改为小天竺，北张家弄志分明。”说的是老城厢里县前街（今学院路）西有张家弄，因张巡抚而命名。弄堂具有独特的韵味，百年来的浸润，街头弄口充满着旖旎的风情，一代又一代的上海人，就是在马路边、弄堂口，消磨着他们的美好时光，打发着他们的闲暇情调。街头弄口折射出的五光十色，无不培养着上海人的味觉、视觉、生活方式和审美取向。

街头弄口承载着上海人的记忆，沿路街边的“马路运动会”，苏州河上“渡口”，路边弄内的“老虎灶”，皮匠摊、铜匠摊、修理棕绷摊、修钢笔摊等，在弄口都曾兴盛一时，但现在都已不见踪影，最后的剃头担子被送进了老上海博物馆。昔日经常能见到拔河、保龄球、踢毽子、跳短绳、扳手腕、转呼啦圈、玩扯铃的活动，给街头弄口涂抹上了一层优雅浪漫的市井喧嚣。进出弄堂口的自行车，曾经是当时年轻人的宠物，从弄堂到学校，游走于街头弄口的悠闲，很有点潇洒的味道……

▲ 20 世纪 20 年代初，美国教授布克林镜头里上海弄堂口卖烘山芋的情景

由于传统的自给自足的自然经济的解体与西方资本主义的野蛮式进入，近代以来土地对农民的束缚程度日益减低，农民离村的人数在动荡不安的社会环境中更是急剧增加。大量的人口向城市流动，近代快速发展起来的大上海，在工商业的推动下，到20世纪20年代初期，其人口已有200多万，其中大多是外来人口，他们囊空如洗，大抵是没有

能力购置房产的，租房居住就成为他们唯一的选择。

租房生活是城市社会中的普遍现象，甚至可以说是住居生活的一种主流趋势。概览民国时期城市租房生活面貌，不难发现，主要呈现租房群体规模大、成分多元、阶层分化明显、房租波动大、租房纠纷多等特点。这既是城市化发展的结果，也有特殊的社会原因。如处于比较优渥阶层的一些买办、富商，或官僚、大地主等，主要居住于花园洋房，租金高，居住条件优越舒适；数量较多的是中等阶层人家或者较低层次的住户，包括中小商人，在大公司、大商店中的职员人群，或在衙署中职位较高的公务员，也包括医生、律师、会计师、文人、教员、新闻记者等，他们在社会上虽有一定地位，收入较稳定，有能力支付相对较高的房租，一般租住在里弄；第三层次的房客基本是靠普通技能或者体力换取衣食的小民，包括商店伙计、小职员、技术工人、小学教师、落魄文人、职位较低的政府公务员等，他们收入很低，甚至只能支付其中一间房屋的房租，因此这部分人主要分租在里弄住宅中位置最差的角落，比如亭子间、三层阁等处。

▲ 1932 年建成的静安别墅，因地处静安寺路（今南京西路）而命名，成为当时诸多名门望族和社会名流的聚集地

▲ 20 世纪 30 年代，上海吴淞路口街市

数量庞大的农民工构成了中国新的城市底层，他们无论是在以经

济为主要划分标准的社会分层研究中，还是在文化的解释框架中，都处于城市的底层和边缘。城市贫民是城市居民中的重要组成部分，其居住环境十分拥挤，各种设施简陋至极，居住条件很恶劣。尽管依赖租房生活的人群，几乎包括了城市社会的各个阶层，其数量庞大，分布广泛，职业各有不同，尽管不同城市情况略有差异，但租房生活是城市社会的一个普遍现象，他们都会面对自己早出晚归的街头弄口。

▲ 20 世纪 40 年代，一名道士模样的老者出现在街头弄口，“神秘老人”的出现，引得路人围观

▲ 20 世纪 30 年代，上海外白渡桥百老汇大厦附近宽阔的街心广场

天南地北双飞客

——城市景观

城市是一本打开的书，城市的空间构成形式，是城市文化的轮廓与投影，也是城市文化的外衣。自开埠以来，上海实际上分裂成两个城市空间，一个是华界，一个是租界，除此之外，还有老县城与闸北、虹口、杨浦及边缘的区域，租界里的街道广场与华界里的道路空间，呈现出很不一样的情形。晚清有一首竹枝词写道：“出北城趋新北门，洋场景别一乾坤。洋泾浜至头摆渡，商务兴隆铺户繁。”描述出了上海街道广场的不同特质。上海绅士李平书见证和参与了上海从一个小县城向国际化大都市演变的过程，他对两种空间有强烈的感受，有着常人难以体味的感觉：“文明者，租界之外象，内地则黯然……通商以来，上海上海，其名震人耳目者，租界也，非内地也；商埠也，非县治也。岂非喧宾夺主耶！抑非所谓相形见丑耶？”

20世纪30年代，西方人编写的《上海指南》也描述道：“上海，世界大都市，令人惊异的悖论，难以置信的反差。漂亮，卑污，奢华；生活方式如此迥异，伦理道德那么不同；一幅光彩夺目的巨型环状全景壁画，一切东方与西方、最好与最坏的东西毕现其中。”租界与华界，代表着新旧两个城区，虽然毗邻相接，但如同金代元好问《迈陂塘·雁丘》词所云：“天南地北双飞客，老翅几回寒暑。”

城市景观的反差，造成人们视觉上的分裂与杂糅。1912年旧城墙拆除，租界不停地越界筑路，蚕食华界的道路与空间，华界、公共租界、法租界，堪称“老三界”，产生的后果是“一市三治”。还有鲁迅先生《且介亭杂文》所说的“半租界”，即“越界筑路”地区，后来，华界也开始逐步对租界城市建设和市政制度进行仿效甚至移植。老城厢承载着江南文化的底蕴，而租界则散发出西方文化的特色。

华界对于租界街道广场的模仿与移植，不论怎么说，都是一种被动与无奈，到20世纪二三十年代，上海这个昔日小县城，变成了孤悬于中国的一块资本主义飞地，一个庞大的工商业都市。中国的现代化，从街道、马路、铁路、路灯、抽水马桶到工厂、商场，再到学堂、报纸、电影、戏剧、娱乐业、跑马场，都是从上海开始的。

▲ 20 世纪 30 年代，上海外滩大草坪

城市空间，被分割成为三个各具特色的区域格局。位于延安东路和苏州河之间的区域，由原英租界发展而来，属于公共租界的核心区；以霞飞路（今淮海中路）为中心的法租界区；苏州河北面以北四川路为中心的区域，部分原为美租界的范围，部分在20世纪30年代成了日本侨民的聚居区。各个区域既各具风情，又不断交融互动，产生一种混沌的城市景观，增加了对移民的召

▲ 20 世纪 30 年代，交通繁忙的老西门六岔路口

▲ 20 世纪 40 年代，城隍庙殿前广场

唤力和亲和力。

外滩、南京路和霞飞路，人们都耳熟能详，但位于苏州河北的北四川路（今四川北路）在当时的上海也成为都市一景，《良友画报》主编梁得所称其体现出了“生之欣悦”。这个区域，影戏院、跳舞场、大小餐馆不计其数，十足的市井气，周围的生活配套设施相对完善，中西医院、中小学校、银行邮局、服装百货、饭店酒家、茶馆浴室等应有尽有，且价廉物美，惠而不费，人气很旺，展现出典型的上海城市生活景观。更重要的是，这里还有鲁迅、瞿秋白、茅盾、郭沫若等一批文化名人留下的足迹，有一批投身革命的爱国人士的活动身影。这个区域留下的文化印记和红色故事，至今令人心怀敬意。更具典型意义的是，中国共产党领导的“左联”诞生于此，进步的先进组织、倡导“爱国、修身、正义、助人”的精武体育会也落户此地。真可以用“文武之道，一张一弛”来形容这个区域的万千风情。

四川北路周边的弄堂，也是中西文化交汇的结果。上海居民有65%居住在弄堂之中。弄堂式的房屋分散在城市不同的社区，出现各种特色不同的异国情调和色彩。上海的地理位置是背靠太湖，面向东海，北挟长江口，南濒杭州湾，上海中心城区面朝黄浦江，接受逆水而上的海洋文明，外滩是租界的中心和门面，其后是商业娱乐休闲区和生活住宅区。城市的空间里弥散着各种社会关系，它不仅受到原有的社会关系支持，也构建起新的社会关系。它是混合杂交的城市空间，东方和西方，过去和现在，都自由杂乱地填塞在城市空间里，制造了对各色人等来者不拒的开放式形象。

▲ 20 世纪 40 年代，南京新街口广场

春风得意说书楼

——茶馆酒楼

茶馆酒楼是城市文化的一个重要的社会空间，茶馆的盛行，也是随着商品经济的发展而扩展开来，不仅经济发达的江南大城市有城市茶馆，在广袤的乡村城镇，各种茶馆、酒馆也有广泛的由普通民众构成的市场。农村城镇里的茶馆与酒馆，主要是基于民众农闲或是闲暇时，要有个打发时间的去处，茶馆不贵，可谓惠而不费，一般民众都有能力去，这些因素促成了乡村茶馆的繁荣。有资料记载江苏农村茶馆："本省无论江南北，都差不多凡有十家二十家的乡镇，必定有一

▲ 20 世纪 20 年代，苏州老式茶馆里聚集着很多老人，喝茶聊天，慢慢地享受生活

▲ 1935 年，位于豫园的湖心亭茶楼

个茶馆。”可以想见当时江南农村城镇的茶馆业一般都比较发达。而在游人较多的地方临时设置小茶馆，以满足逛庙会的人群聚集，清明时节春游踏青的人，也需要郊外的临时茶馆。自然，每当夜幕降临，有的小茶馆或者小茶店，可能就会摇身一变，成为人们聚餐谈论情怀的小酒馆。特别是在社会动荡的时期，深夜的一家酒馆，如同现在城市里的酒吧，就像冬天围坐在火炉旁，让人有一种乱世中短暂的心灵释放。

江南集镇上的茶馆，一般也与艺人卖唱结合起来，许多集镇的茶馆，一般以弹词开篇拉场子，说大书为主；有的茶馆，以钹子书为主，钹，即铜质圆形的打击乐器，艺人在演唱时，左手执钹子，右手持一竹签敲击，茶馆为民间艺人提供了舞台，丰富了人们的生活。根据规模的大小，茶馆大致有茶楼、茶馆、茶园、茶舍、茶室、茶棚等多种形式，但名称上并不能完全区分出茶馆的类型，从经营内容上，有只经营茶饮的清茶馆，还有与其他营业形式结合起来的如书茶馆、茶酒馆、茶餐馆等。据晚清《茶肆品茶》记载：上海茶馆始于同治初年，据说上海三茅阁桥

▲ 20 世纪 40 年代，上海茶馆里喝茶看报的百姓

▲ 遍布上海更多的是与老虎灶结合的小茶馆，茶馆虽小，顾客却不少，很受普通市民的欢迎

▲ 20 世纪 40 年代，江南古镇上的一个酒店，上面写着“十里闻香”，很受一般顾客欢迎

沿河的丽水台就是较早开设的。到清宣统元年（1909），上海已经有茶楼60多家，到20世纪20年代，更是增加到了160多家。

20世纪30年代，当年申城里里外外、南市北市、河浜旁桥头边、十字街头等闹市，茶楼林立，茶客如云，茗香醉人，已经有好几百家。作为最热闹、最受欢迎的地方，茶馆是老上海最具代表性的旧景风情之一，在上海历史上留下了浓墨重彩的一笔。20世纪前期，苏州也有五六百家茶馆，杭州全市的茶馆数也要超过饭馆、面馆等一倍之多。

上海话“孵茶馆”，更是成为民众流行的一种时尚。这里值得一提的是由张季华创始于清末民初的春风得意楼，它是一幢老式三层楼屋，是沪上规模最大、生意最兴隆的茶楼，也称“得意楼”。清末有竹枝词云：“春风得意说书楼，弦索铮铮意悠悠。茶叙清晨更热闹，喧哗不绝笑声留。”无论是名人仕女还是贩夫走卒，都对这里情有独钟。

那时候天一亮，许多老茶客就会赶到茶馆里，沏上一壶茶，点上些点心，听说书看唱戏，即便是待上一整天，老板也不会赶你走，真是最廉价却最享受的消遣方式。一张八仙桌、几条长凳，几个人围成一桌，边喝茶边谈山海经，上到国家大事，下到坊间流传的各种消息以及稀奇古怪的新鲜事，无不涉及，茶馆这一方天地成为人们信息分享交流之地。茶馆作为公共空间，还兼具有调节社会关系的作用。民间的经济债务、儿女婚姻、邻里纠纷诸事，不愿惊动官府，在茶馆里评理调解，在上海闲话里，有个“吃讲茶”的习俗，不论是鸡毛蒜皮的小事、邻里和亲友之间的矛盾，还是经济纠纷、冤家争斗，到茶馆坐下摆开来谈谈，争得口干舌燥也无妨，反正有的是茶，谈着谈着，事情便得到了协调与解决，所以茶馆又有“百口衙门”之俗称。过去的茶馆确实是社会的一个缩影。

江南城镇还有一个重要的社交场所——小酒馆。江南的小酒馆，一般是供应黄酒。有些来江南的北方人也喜欢小酒馆，光顾小酒馆的大抵以中下阶层的劳力者为多。从规模上来说，虽有大酒馆、中等酒馆、小酒馆之分，但总是以小酒馆、小酒铺居多，对食客的吸引力也最大。生活的不易，经常会压得人喘不过气，人们独自或约上三五知己，相互交谈，用于打发时光。到了冬天，喝一壶焐过的黄酒，由于加热了，热气腾腾。这时，虽然屋外是天寒地冻，小酒馆内却温暖如春，到处洋溢着水汽和酒香味儿，人们忘记了一天的烦恼和劳累，所费不多，物有所值。小酒馆让食客们消磨着艰难的人生，而洋溢其中的生活味，则让各色人等享受到片刻的温情与惬意。

西人每食代茶烹
——咖啡馆舍

到咖啡馆喝咖啡是随同上海开埠被引进的一种消费生活方式。上海开埠之初，作为舶来品之一的咖啡随即也涌入这座城市。Coffee，当时有“加非”“卡啡”“瞌肥”等不同译法，1875年11月10日，《申报》第一次报道时译为“咖啡”，沿用至今。1886年，虹口出现了第一家华人独自经营的咖啡馆——虹口咖啡馆，面向国外轮船上的水手等。1909年朱文炳的《海上竹枝词》中描写咖啡的诗句很形象：“考非何物共呼名，市上相传豆制成。色类砂糖甜带苦，西人每食代茶烹。”纵观民国时期，随着城市商业日益繁荣，咖啡馆也日益

▲ 20 世纪 20 年代北四川路 484 号（近武昌路）的汤白林咖啡馆，经营西餐，设有舞校、舞厅

▲ 20 世纪 30 年代，上海设在公园里的露天咖啡座

▲ 20 世纪 30 年代，上海大华饭店内的咖啡座

受到城市中产阶级的欢迎。

20世纪20年代开始，大量西式名称的咖啡馆在上海涌现，比较著名的有霞飞路（今淮海中路）上的DD´S、文艺复兴、巴尔干、特卡琴科、君士坦丁堡、伟多利，南京路上的沙利文，静安寺路（今南京西路）的沙利文分店、飞达、凯司令、皇家，亚尔培路（今陕西南路）上的巴塞龙那、赛维纳、立德尔，北四川路（今四川北路）上的公啡、上海珈等。20世纪二三十年代，茶馆和咖啡馆是盛行于知识分子群体之间聚会的场所，也是他们社交和进行文艺对话的理想场所。这些以文艺为主题的集聚，在某种意义上可以看作中国士大夫文人“雅集”传统的现代传承。

欧洲咖啡馆内的交际与文明秩序，吸引了渴望在现代拥有一个雅集场所的中国知识分子，一批热衷“现代生活”体验的文人聚在一起喝咖啡，思想火花在这里碰撞与交流，也建构着对未来美好生活的向往。许多具有现代色彩的学者、作家等知识分子无拘束地交流，充分享受着在咖啡馆里的逍遥与悠闲。所以街头的咖啡馆，既是现代都市文明的组成部分，也是中产阶级聚会的重要社交场合，人们在咖啡馆里品咖啡，进行愉快的交谈。这些咖啡馆大多以其精雅的布置和浓郁的欧陆风情吸引顾客，聚集在咖啡馆的人们，在开展各式各样的谈话或对话时，可以享受到异国的情调。

1928年8月6日，《申报》之《艺术

界》专栏的责编朱应鹏刊发栏目启事，特别介绍了《珈琲座》创刊旨趣：“从本月起，本刊辟出这样一块小小园地，设立了一个珈琲座，为读者诸君随便聚谈之所，无论谈文艺也好，谈见闻也好，谈社会问题也好，谈一切都好，总之，无所不谈，希望同志们有闲空的时候，不妨随时入座，无不竭诚欢迎。”看上去《申报》这则启事不过是一则征集文稿的告示，其实该专栏最终扩大了一群特定文人的文化影响力，当然也丰富了他们的报纸版面。在这个意义上，“咖啡”成为《珈琲座》专栏中一个重要的文化隐喻，象征着报刊版面上一种想象中的文化雅集的独特性。

事实上，除了热衷西化议题的市民阶层外，具有中产阶级生活方式的现代职业作家与怀揣革命理想的左翼文人，也都把咖啡馆作为其日常生活中的重要活动场所。位于租界内的咖啡馆空间，为革命者提

▲ 1927 年，一位流亡上海的格鲁吉亚贵族创办的餐厅“Kavkaz”咖啡餐厅初在虹口武进路，后落户霞飞路。图为卡夫卡斯咖啡餐厅内景

▲ 1939年，为逃避纳粹迫害，从奥地利维也纳逃亡到上海的犹太人鲁道夫·莫斯伯格在今长阳路、临潼路路口开设了一家白马咖啡馆

供了某种“安全感”，找到的很可能是某种归属感，甚至是一种自在和认同，并以此对抗着权力中心的控制和压迫。这种认同感的背后，是对咖啡馆所表征的西方现代文明的想象与诉求。位于虹口区北四川路上的公啡咖啡馆，不仅是鲁迅与许多左翼知识分子的会面地点，更是“中国左翼作家联盟”的诞生地。

20世纪30年代上海咖啡馆文化达于高潮，与上海文艺界人士那种对都市异国情调的推崇和刻意模仿有关。沙龙文化在19世纪末和20世纪初随着西方先进知识的传入而被引入中国。在这期间，被洋务派选派出国的中国留学生也在归国后，带回了全新的西方文化理念。一群具有爱国热忱的学子和讲究性情的文人们聚集在一起，就音乐和诗歌等话题进行充分的交谈，时不时地就会有灵感爆发，咖啡馆也因此成为一个由作家主导的创作和传播文学作品的重要交流空间。这些文化人和知识分子对西方文学艺术经典的热情推介，使上海咖啡馆内的文化雅集，大多沾染了巴黎沙龙的光环。若干好友聚在一起，在咖啡馆里一边品尝咖啡，一边进行与文艺相关的闲谈，使他们得以在一个公共空间中相互交流、交换意见，因此也有“思想的办公室”之称。

大小戏园开满路

——戏园书场

上海原先有许多茶楼、茶园，通商之后，租界内也出现了许多茶园、戏园。当时流行的一首《洋场竹枝词》云：“洋场随处足逍遥，漫把情形笔墨描；大小戏园开满路，笙歌夜夜似元宵。”星罗棋布的旧式戏园遍及租界的繁华之地。晚清大马路（今南京路）上有久乐茶

▲ 清代上海的戏园“凤桂茶园”，早年位于广西路。到 1915 年以后，这种旧式戏园基本淘汰，全部改为新式舞台

园、杏花楼，在四马路（今福州路）至五马路（今广东路）之间的宝善街（今福建路一段），曾经被称作“戏馆街”；又因地处满庭芳茶园一带，所以又被称为“满庭坊”。

清末戏园的舞台，一般呈正方形，上、下场门正对观众，乐队位于上、下场门之间，也面对观众。观众席分楼上、楼下两层；楼上设正厅、包厢、花楼三个等级，正厅居中；包厢分设于两侧，分隔成若干个小间，每间内设四至六个座位；包厢尽头处一侧靠近后台的席位，称作“花楼”，此处观众只能看到演员的侧面或背影。楼下观众席亦分官厅、正厅、边厢三个等级，正中为官厅，内置四方桌和靠椅若干，每桌三四位；稍后，列长凳为正厅席；两边长方形的边厢，以长凳斜列其间，便于观众面向舞台，观赏表演。戏园内除供应香茗以外，还有水果、干果，戏至夜半还有汤圆、肉面等夜点供应。观众在各自席位上边品茗叙话，边观赏表演，表明当时戏园不仅是艺术欣赏的地方，也是娱乐性的社交空间。

晚清时代，茶园即戏园。戏园改名“茶园”，其中有这么一段故事：1850年道光皇帝驾崩，清王室大哀之下，决定为其戴孝三年。于是，颁诏天下：国丧三年，停止演戏。按规定平民百姓也要举哀三年，其间不准登台演戏。老百姓不能看戏，天下唱戏的艺人岂不要饿死？当时昆戏班尽是苏州人。苏州有个叫钱文元的，便把昆戏改为清唱，不登台演出，一律坐唱，如此维持了两年生计。到了第三年，有人就出了个主意，将戏园改为茶园，即在茶园子里头演戏。于是，那些茶客们一边喝茶，一边听戏，岂不两全其美。而艺人们也就有了演戏的用武之地，对于官场，也不触犯王法，只说是吃茶的地方；而里面尽管袍笏登场，笙歌盈耳，在衙门前用点小费即可无妨，一经尝试，民众热烈欢迎。

以“茶园”的名称来打幌，好在一班地方官吏久未过戏瘾，熬得也难受，于是就睁一眼、闭一眼地任那些茶园开张。有时，他们自己也混迹其中，前去喝茶听戏。那时，戏台前横放着五六张方桌为一排，前后最多五六排。每张方桌放置五把椅子，桌子左右各放一把，后面一字连排着三把椅子。那时也没有包厢。由于是在茶园里看戏，所以不卖戏票，只要付茶钱，就同时可以享受看戏和喝茶的乐趣。官场不闻不问，茶园就此代替戏园，只称茶园而不提戏园。同治、光绪年间，所有戏园，都以茶园名，同桂轩就先后改名为红桂茶园、丹凤茶园。新开设的尚有丹桂茶园、大观茶园、天仙茶园、一洞天茶园、桂仙茶园、春仙茶园等不下十多家。被毁于清咸丰三年（1853）小刀会起义的三雅园，堪称上海最早的戏园，原来是专演昆戏为主的，随着县城大批居民避难租界及江浙地主豪绅为避太平军乱涌入上海租界居

▲ 清末上海一家京戏园茶馆之内景

▲ 清末上海北市的旧式戏园。图为上海环球社《图画日报》之《戏园案目年终拉局之闹忙》的报道

住，租界人口剧增，市面日趋繁华，三雅园也在法租界小东门处重新开张。再加上在其近旁还有诸如同桂轩戏园、满庭芳、金桂轩戏园等纷纷设立。

书场是曲艺演出场所，是中国传统曲艺艺术重要的演出空间和传播媒介。曲艺历史源远流长，书场的规制也是历经流变，有露天的明地、带顶棚的茶摊、私人的住宅、茶馆茶楼、百戏杂陈的杂要园子和专门表演曲艺的清书场等。在书场里，曲艺逐渐完成了从“自娱”到“娱人”的转变，从农人田间的劳作哼唱，逐渐成为迎合大众的说唱技艺。在书场里，演员与书场运营者关于票房的利益分账，也加速了

▲ 1930 年 1 月 30 日建成开幕的黄金大戏院拥有三层观众大厅，可容纳观众 1095 席。图为该戏院在 20 世纪 40 年代的外貌

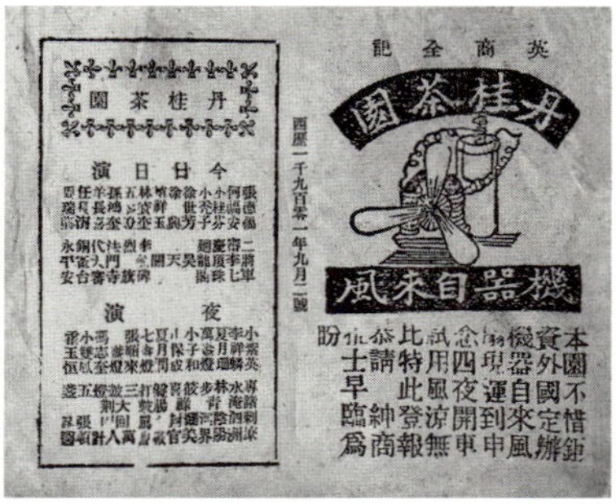

▲ 丹桂茶园设有机器自来风的广告

曲艺的商品化和职业化，其消费功能和商业价值由此得到确认。

在繁荣、发达的近代戏曲和曲艺艺术的熏陶和影响下，上海市民中逐渐形成了一个庞大的观众群体，他们对于唱念做打、说噱弹唱之类的节目抱有浓厚的兴趣，对于上戏院、赶书场之类的文化娱乐活动倾注了极大的热情，各种看戏听唱的习惯，便在这样的基础上兴盛起来了。

树矮叶繁花异色

——公园空间

“公园”这个文化空间的诞生，其实也不过是在百多年之前。19世纪中期，西方为了应对工业革命带来的城市问题，从物质和精神的双重层面，净化城市居民的身心。为了承担对市民教化的功能，在西方出现了公园这个公共空间。传统的中国人历来有治园的传统，只不过虽然花园众多，大抵是私家花园，豪门大户独自建设，也独自享用。明清以来的江南士大夫素有园林雅集的传统，将园林打造成精致绝伦的清静之地，私家花园的空间只供自家独擅享用，并不准备与素不相识的人共享，这种偶寄闲情的场所，与后世公园的公共性质风马牛不相及。

公园姓“公”，本质上在于它的公共性，1868年8月8日，在租界工部局监管下建成的外滩公园（今黄浦公园），以其西式的造园要素、开敞的布局和面向民众的公共性成为了上海乃至中国第一座公园。此地原本是江边消夏绝佳处，夜坐于此，月明星稀，灯火明灭，长风来无浪，江流去有声。《洋场竹枝词》云：“行来将到大桥西，回首窥园碧草齐。树矮叶繁花异色，雨余石上锦鸡啼。”这里原为泥沙淤积而成的滩地。英国人常在此处迎接远来的轮船，此

▲ 清末上海外滩公园内的西式凉亭

后经过不断地修缮，逐渐成为洋人的一个聚会和活动场所。清同治五年（1866）工部局交割券据后，即用洋泾浜中挖起的泥来填平这沙滩而辟为公园，原名是Public Park，所以从前有人译为“公家花园”。

公家花园落成后，拒绝华人入内游览，因此屡遭抗议，工部局总以园小不能容纳为托辞。郁慕侠《上海鳞爪》里说：“嗣后西人方面自己想想也说不过去，另外在里白渡桥堍辟一小小园林，专为华人游览之所。不过这座园林地方很狭小，布置又简单，倘和黄浦滩等三公园比较一下，那就天差地远了。”1928年，公共租界当局迫于压力才将外滩公园向华人开放。

外滩公园呈长条形，面积不大。公园内假山、瀑布、亭廊、草坛、花木齐集。倚栏远望，可见江水奔腾，巨轮飘彩；回头仰望，外滩建筑鳞次栉比、炫光耀目。郁慕侠所提到的“黄浦滩等三公园”中的另外两个公园，一为靶子场公园，清光绪二十八年（1902）公共租界工部局采用英国园林风景专家斯德克设计方案建造，1909年对外国人全面开放，是典型的英国式自然风景公园，有大草坪、音乐台、溪流小桥，富有欧洲乡村情调，就是如今的鲁迅公园。另一处兆丰公园，又叫梵皇渡公园，1860年为防御太平军，英租界越界筑路，英国商人霍格在极司非尔路最西端打造兆丰花园,占地约6.67万平方米，多本地林木景观，建筑集中于路两侧。1879年后，路北土地售给美国圣公会圣约翰书院，花园面积缩至4.67万平方米，兼具生产功能，还原英式贵族生活。1909 年，工部局园场监督约翰·麦格雷戈推动兆丰花园向真正的公园转型，打造月季园等，大量引种树木，使其树种数量居全市之首，兼具植物园功能。1914年3月，上海公共娱乐场基金会提议买下花园作公园对侨民开放，提案当月通过。7月1日，修整后的公园对外国侨民开放，定名极司菲尔公园，因百姓习惯，“兆丰花园”一名也通用。1915年起，工部局购得周边土地，对公园整体规划，明确边界、扩大面积、迁移主入口。1918年6月1日，经市民抗争，公园向华人开放。其他如沪人俗称法国公园（今复兴公园），也是沪上著名的公园。租界在二三十年内又相继出现了多座公园。至1943年汪伪政府“接管”两处租界时止，租界当局先后辟建过的公园共有22座。

▲ 清末上海苏州河与黄浦江交汇处的陆地公园，如今是上海市人民英雄纪念塔的位置

▲ 虹口公园 1905 年建成并开放，初称“新靶子场公园”，1922 年改称为虹口公园。今为鲁迅公园

且说公园的公共性，它是一种新型的公共空间，一道特殊的人文景观，也是城市近现代化的重要标志。公园在民国文人的物质生活与精神生活中都构成重要位置，优美的环境比较符合他们的审美趣味。知识群体在公园内举办各种聚会，既有景色宜人的

环境，又是自由开放的空间，为文人构筑文化沙龙提供了绝佳条件，文人演讲、结社、展览、闲聊乃至宴会等集体活动都可以在公园内举行，公园为五四以来的新知识分子们提供了一处公共交往的社会空间，最终促成了现代文学、文化和政治思潮的发生。

▲ 20 世纪 30 年代发行的上海兆丰花园（今中山公园）风景明信片

20世纪20年代后，许多公园引入大量的现代设施，也制定了非常详细的游园规范，要求文明游园。比如，不可以大声喧哗，不可以赤身裸体进园，不可以向动物投喂食物，也不可以攀折花草树木。“逛公园”成为那个时代青年男女的一个“摩登”活动，以往女性是养在深闺，大门不出二门不迈，而公园向男女一律开放，这就为女性提供了一处相对安全和平等友好的空间。公园所象征的启蒙价值观，也和时代倡导的新女性形象不谋而合，靓丽的女学生也成为公园中一道独特的人文风景。

▲ 1933 年 9 月，位于湖州市中心的志成路同岑路交叉口，图为吴兴公园大门及内景

旧上海的公园也不是清静的世外桃源，全民族抗日战争时期，日寇侵华，许多公园都不可能幸免于难。1932年“一·二八”淞沪抗战结束后，朝鲜革命志士尹奉吉在虹口公园炸死日本侵华军总司令白川义则大将，直教沪人拍手称快，也为上海公园史留下了惊心动魄、可歌可泣的一页。

▲ 清末上海逛街购物玩耍的人群

多财善贾几公司

——逛街购物

工业革命之后，各种产业加速发展，既刺激了人们的商业消费，也推动商业模式的改变。当物资开始充足，人们对生活有了另一种想象，集中展示百货业的商业大楼拔地而起，百货公司也因而诞生。据说“百货商店”的名称，出自清代乾隆皇帝。相传乾隆皇帝微服私访，在江南的一处小镇上，乾隆帝看到一家店铺招牌上写着“万货全”，皇帝就走进这家店铺，跟掌柜的说要买一个金耙子，掌柜的当时非常困惑，店铺里有木耙子、竹耙子，哪有金子做的耙子呢，乾隆帝则反诘掌柜的：“你不是万货全吗”，这句话使得这家店的掌柜很是汗颜，自知店铺名号起得太大，便恳请乾隆帝赐个字号，乾隆帝二话不说，径自给他写了“百货”二字，从此以后，凡是卖日杂用品的商店都叫百货店。

虽然这个故事提到了“百货”，但清代的那种百货店是完全不可与民国时期的百货业相提并论的。20世纪后，英商在上海南京路东段设立了“福利”“泰兴”“汇司”“惠罗”四大公司。从20世纪10年代至30年代，富有商业眼光的华商又在南京路西段临近西藏路处，兴建“先施”“永安”“新新”“大新”四大百货公司，使南京路的百货业迅速走向繁荣，引领了近代上海的商业文化。华人开设的百货公司，其经营范围广泛，商品种类多样，花色品种齐全，兼备专业与综合商店的优势，满足顾客多方面的购物需求。1936年1月10日，三面临街、注册于英国的上海大新百货公司开业。地下到4楼是商场，5楼酒家舞厅，6到10楼的一半为游艺场。营业面积17 000多平方米，商品30 000多种。实为我国百货公司之翘首。有上海竹枝词为证：“气象巍峨品物奇，多财善贾几公司。中华特辟繁华境，奚啻申江托拉斯。”

▲ 1934 年新生活运动背景下的苏州街市，人们在古街上逛街购物

▲ 1923 年，上海街头热闹的人群

▲ 20 世纪 40 年代，上海福利公司秋季大减价，顾客盈门

▲ 20 世纪 40 年代，上海南京路上的洋妇人在逛街

上海另一条商业街淮海路，原名霞飞路，骨子里透着时尚。20世纪二三十年代，这里堪称申城的时尚之源，其中不少是俄侨老店，或是法租界同业之最，他们以欧洲样式的商业布局，展示着几乎与欧美发达城市同步的高档生活消费品，以西餐、西点、西服和日用百货最具特色。1933年版《上海日本堂》刊载文章《江南健儿》介绍霞飞路：“人们都说它是上海最美丽、最有味道的一条街……漂亮的法兰西女郎手挽手，并排着缓缓走在人行道上，一个真正的法国式早晨在这里开始了——路旁，俄罗斯老人提着装满鲜花的篮子向行人兜售，买菜的太太们三三两两走在路上。茂密的行道树沾满露珠，汽车在平坦的柏油马路上轻轻滑过。咖啡馆里隐隐飘来了爵士音乐……商店橱窗陈列着时髦服装，木制模特的头上戴着新式女帽。”

大型商业百货公司的兴起，形成了一个个商业地标，也培养了上海人尤其是上海女子荡马路逛街购物的习惯。穿着旗袍的女士们烫着洋派的发型，用着欧美的外销货，迷恋着舶来的香水和唇膏，到商业空间来闲逛，成为一种彰显身份的摩登的生活方式。商业空间突破传统的吉祥字号，而改用新式的店名称呼，不仅设置了富有趣味的橱窗，还推出了许多奇观式的展销活动，吸引消费者前来观看和购买。国货公司在儿童节布置的儿童游乐市，将两位小女孩任命为市长、副市长，还在“市内”命名了中山大道、国货大道，以及图书馆、动物园和市长办公室，基本展现了一个现代都市的微缩全景。永安公司让两位年轻女职员操作机器，将碎皂片和香精搅拌均匀……在人们面前再现香皂制作的过程。逛街这一行为本身成了女子一项颇具娱乐性的休闲活动。

20世纪30年代出版的《上海游览指南》也将南京路的百货公司列为推荐观览的地标，即使没有时间购物，也应当选择一家“以观一斑”。“这条路的商店，店面装饰很讲究，宽大的玻璃窗，五光十色，什么都有”。至于法租界霞飞路很早就注意到让消费者以逛街方式体验，各种“人无我有”的时尚品牌注入，是一种内容；提升一条街的步行愉悦感，凸显其历史与文化底蕴，是另一种内容。从街道尺度、建筑美感、历史积淀等方面看，街道两边开了许多充满异国风情的商铺，在法国梧桐掩盖下，人们常常有置身异国的感觉，形成了一个商业公共空间的街区品质。

横财不富命穷人

——赌博之风

近百年商品经济快速发展，畸形的经济繁荣也造就了当时上海独特的政治、社会环境，社会结构也造成诸多的社会黑幕以及种种丑恶的社会现象。上海成为冒险家的乐园，固然吸引了无数的能人志士，但也造成了流氓地痞云集，特别是赌博风气之兴盛，堪称中国近现代史上鲜见的现象。上海拥有传统与现代的各种赌博场所与赌博方式，也孕育着不同阶层和等级的赌客赌徒。图书发行人和出版家屠诗聘在其主编的《上海市大观》中说：“上海，自从成了通商大埠以后，一直是个令人迷乱的地方，尤以清末民初，世风浇薄，品类混浊，因为冒险家的乐园，同时也是个清白纯洁者之陷阱，它随处摆着色情的饵，也到处张着五光十色的赌博的网。”

▲ 晚清赌博的男子。当时这样的场景在街头经常能看到

▲ 民国初年的上海赌场，挂着“大杀三方”标语

开埠以前，上海地区虽然已存在着各种形式的赌博活动，但规模一般都比较小，社会影响并不很大。19世纪中叶通商以后，各地的豪商巨贾纷至沓来，赌博风气也因此而大为兴盛。一些在激烈的商品竞争中遭受挫折、打击甚至破产的社会下层市民，也因经济上的贫困和精神上的失落，而投入赌博活动，企图以此来改变自己的命运。一些不法之徒乘机大设赌场，大兴赌风；流氓地痞私设的赌窟，形形色色，无不具备。

那些豪商巨富、官方政要的豪赌场所，自然环境幽雅清静，陈设富丽堂皇，扑克、麻将、轮盘等赌具一应俱全，赌博过程中还有仆人送咖啡、茶水与点心。中等层次的小生意人和小职员，大都是去一些中国人自己开的赌场、赌台，主要的赌博方式，有摇摊、麻将、挖花、牌九等，中国的牌九、麻将之类的牌是用竹、骨制作的，上面为竹，下面为骨，称之为“骨牌”。上海虹口香烟桥一带，为华洋交界之处，赌风最盛，赌台甚多，每天输赢金额巨大。既有海上闻人杜月笙、黄金荣等开设的大型赌场，还有许多流动的赌摊。另如当时的鸡鸭弄、福康里、满庭芳等里弄中，也有各种适合于中层赌客玩乐的赌场。至于那些社会最底层的贩夫走卒所进行的赌博活动，他们大抵不会进入营业性的赌博场所，而只能在弄堂口或街头巷尾从事各种赌博活动，赌资不大，但伤害性极强，常常弄得家破人亡，妻离子散。许多人经常聚集在一起，听候着花会“开筒”的消息，有的则在街头马路旁参与那些男女搭档骗赌的“翻戏”，最后却总是参与赌博的人被骗得囊空如洗，空手而归。

综观老上海的各种赌博活动，从性质上来看，大致上可以分为：西洋型的赌博活动，有跑马、跑狗、回力球等；传统型的赌博活动，有摇摊、牌九，麻将、花会等。跑马、跑狗的赌博方式为老上海耳熟能详，20世纪二三十年代，上海都市中的跑马场，跑狗场纷纷开设，吞噬了上海市民辛勤劳苦挣得的大量血汗钱。跑马厅实乃上海公开设立的最大赌场。从1927年至1937年，上海各游乐场所（如跳舞

▲ 20 世纪 30 年代，上海好赌之风渐向青年人蔓延

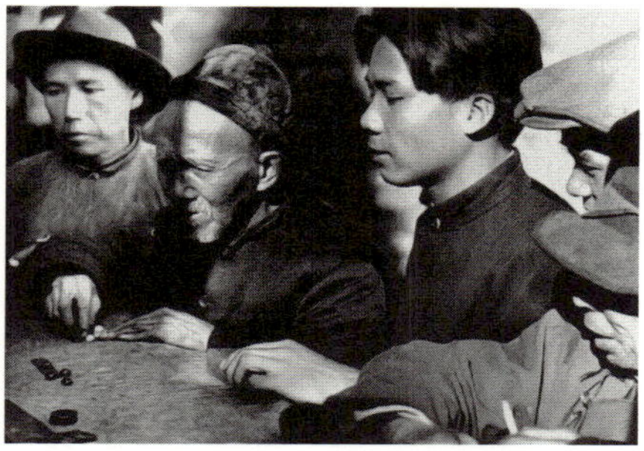

▲ 20 世纪 30 年代，上海被称为冒险家乐园，赌客实乃良莠杂陈

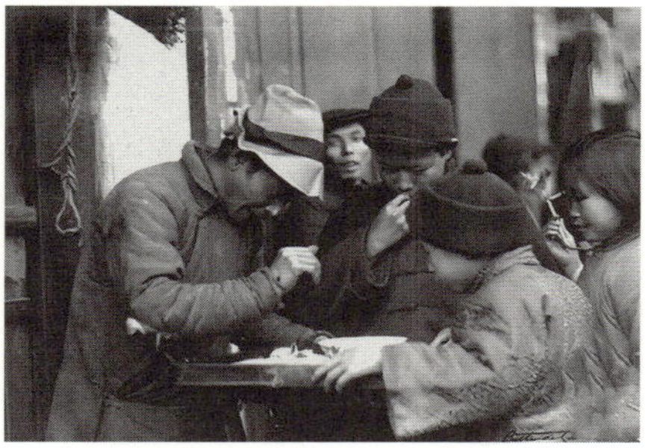

▲ 20 世纪 30 年代，上海街头博戏

场、酒吧间等），每个走廊里及穿堂间都搁有一只类似铁箱的东西，叫“吃角子老虎”。

至于传统的赌博方式，则主要是上海流氓地痞勾结外国人摆设的赌台，都是采取半公开的形式。1937年后，随着侵华日军控制上海和占领租界，上海赌场有了更大的发展。还有“总会”“花会”猜诗谜（金钱赌博）、斗蟋蟀、斗黄鸟等变相的赌博活动，四处泛滥。

赌博的本质是一种以投机方式侵占他人钱财的行为，它诱导人们不劳而获，依靠某些具有很大偶然性成分的游戏方式来赢得他人的钱财。旧上海存在着各种各样的骗赌花样，如什么“翻戏党”“倒棺材”“白鸽票”等市井赌博方式，至于翻戏党用赌博来骗人财物，就更是常有的事。直至1949年上海解放，赌风才逐渐肃清。

风水先生惯说空

——剔除陋俗

中国封建社会传承下来的迷信活动渗透到民众生活的各方面。旧上海的迷信陋俗也是非常普遍的现象，尤其是在中下层的民众中，无论是贩夫走卒、贫民百姓，还是富商大贾、达官显宦，都很迷信。迷信风俗的形式也多种多样。大街小巷常常有许多算命先生，他们的营生叫批“八字”。就是在被算命人的生辰八字上绕圈子。人的生辰八字就是记载一个人出生在哪年、哪月、哪日、哪时的代号。我国古代记时就是甲、乙、丙、丁、戊、己、庚、辛、壬、癸和子、丑、寅、卯、辰、巳、午、未、申、酉、戌、亥这二十二个字。前头的十个字

▲ 清末街头，一位算命先生坐在路边给一个小男孩算命。小男孩一脸懵懂地看着他在纸上写写画画

叫“天干”，后头的十二个字叫“地支”。把天干和地支相搭配，甲配子、乙配丑……这样一直可以配成六十对不重样，所以也叫作“六十甲子”。算命先生就是用八字来推断人的命运。此外，还有用“九星照命”“十二神压运串官”和“十二生肖相生相克”等形式来算命的。

上海人有时也称算命先生为“摆测字摊的”，这测字也叫拆字。就是把字写在竹签、木签或纸上，放进字筒里，由前来测字者捡出一个字，再由测字先生根据这个字进行解释。在解释过程中，他可以围绕这个字任意拆、拼或增减笔画，然后根据字形、字义的变法随意解释。相面、看手相、看指纹。把人的脸划为“天庭”“地阁”“人中”等十三个部分，以此来推算和判断一个人的过去和未来，预测吉凶和祸福。

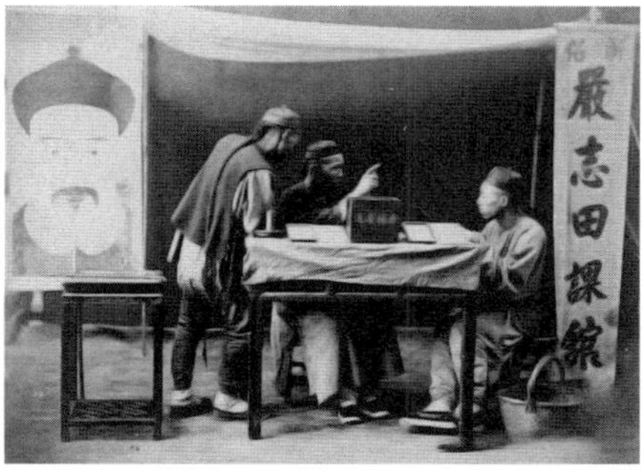

▲ 1890 年，上海街头浙绍算命馆业盛

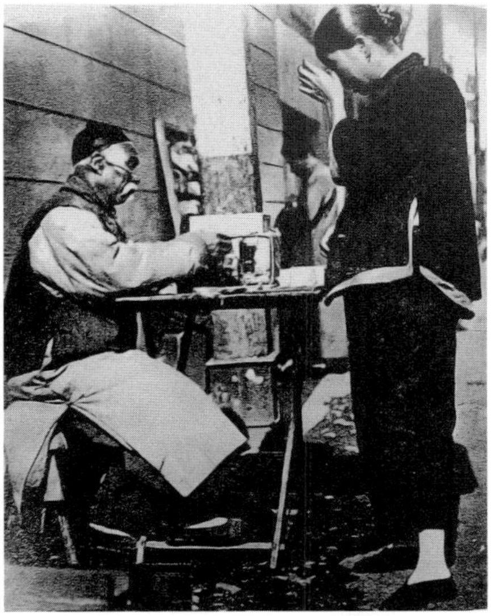

▲ 民国初年上海街头的小摊，代写书信或状子，也承担算命占卜功能

此外就是看风水，许多人家选择祖坟，要找风水先生采采茔地，选个“好风水”，是为“阴宅”；盖房子也要找风水先生铺铺罗盘，找个“好向口”。风水先生给人看房基，就是卖弄“阳宅三要”，在“门、堂、灶”上大做文章。说大门怎么开，堂屋摆在哪，锅台怎么搭，跟人口太平不太平，日子兴旺不兴旺有直接关系。风水先生给人选择坟茔地，主要是靠背诵“地理五诀”，根据山形地势和“龙、穴、沙、水、向”，说地有“福地”“吉地”“凶地”“绝地”之分。如果把祖坟埋到“福地”“吉地”上，子孙后代就“大富大贵”“世代兴旺”，如果祖坟占了“凶地”“绝地”，子孙后代就要“家业衰落”“人丁不旺”，甚至“断子绝孙”“家破人亡”。看风水有没有科学根据，现在的人们还在争论，民国文人刘树桐有一首被人广为流传的诗句：“风水先生惯说空，指南指北指西东。世间若有封侯地，何不寻来葬乃翁？”这正是对那些借看风水行骗行为的辛辣讽刺和无

情揭露。

民国时期“扶乩”，亦称“扶箕”，口语叫扶鸾。用现在的话说，就是巫婆神汉装神弄鬼。扶乩在下层民众中也很盛行，凡是前来“卜以问疑”的人，都要焚香点烛，虔诚祷告，请求神仙下凡指点迷津；过一会儿“神仙”就降临人间，附在两个“扶乩者”的身上，开始向你示意或“对话了”。不过这种“对话”不是用口而是用“乩笔”写。所谓“乩笔”就是一个木制的丁字架。也有的用小簸箕、淘米竹筐等物件，在边上插根筷子或木棍，当作“乩笔”。两个“扶乩者”各用一个手指抬着丁字架的两端或箩筐的两边，“神仙”降临附体以后，“乩笔”就开始移动，在沙盘上写字、画图了。有的不是用沙盘，而是在写满字的纸上移动乩笔，动一会儿，突然停在某一个字上，连续停止几次，几个字连成一句话，说这就是“神仙”的示意。因为扶乩是“神仙”用写字（多半是诗句）、画图的方式预示吉凶，看上去似乎“文雅”些。

▲ 1930 年江南古镇街市上的算命先生，摸骨论相和占卜吉凶

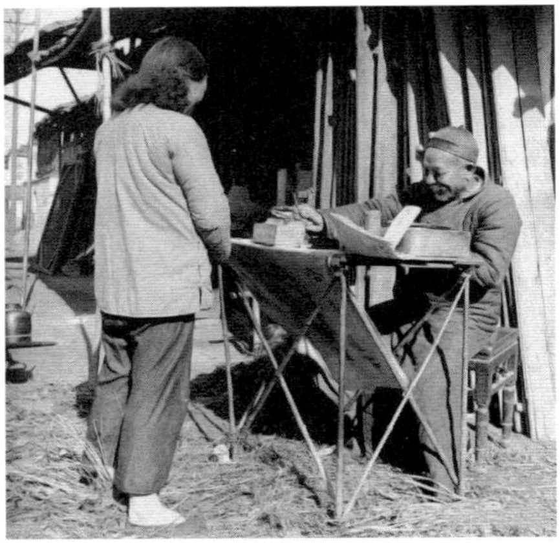

▲ 1945 年江苏南京，为青年女子占卜前程的算命摊，摊主正在给女子指点前程

民国的迷信陋俗，不胜枚举。1934年蒋介石发起“新生活运动”，强调以“礼义廉耻”为道德标准，从改造国民的日常生活细节入手，希望达到“生活艺术化、生活生产化、生活军事化”。应该说，“新生活运动”在一定程度上也促进了社会风气的改良和部分民众卫生习惯的改善。然而，这一运动在某些方面脱离了当时中国社会的实际情况，过于注重形式和表面，加上日本侵略加剧，战争形势严峻，国民政府本身的腐败和政治体制的缺陷，严重的内忧外患，也缺乏一个稳定的社会环境来深入开展，政令不通，根本就难以推行下去，不得不胎死腹中。

图书在版编目(CIP)数据

江南风俗图录. 第5卷，市井食货 / 仲富兰著. 上海 ：上海辞书出版社，2025. -- ISBN 978-7-5326-6276-0

Ⅰ. K892.45-64 ；F729-64

中国国家版本馆CIP数据核字第2024PB2119号

“十四五”国家重点出版物出版规划项目
国家出版基金资助项目
上海文化发展基金会图书出版专项基金资助项目

江南风俗图录·第5卷·市井食货

仲富兰　著

策划统筹	朱志凌	**题　　签**	邓　明
责任编辑	朱志凌	**篆　　刻**	潘方尔
特约编辑	钱　琼	**英文翻译**	唐玥芳
责任校对	左钟亮	**英文校译**	秦　悦
技术编辑	楼微雯	**图　　片**	均由作者提供
整体设计	零贰壹肆设计工作室		

出版发行　上海世纪出版集团
上海辞书出版社®(www.cishu.com.cn)
地　　址　上海市闵行区号景路159弄B座(邮政编码：201101)
印　　刷　南京爱德印刷有限公司
开　　本　787毫米×1092毫米　1/16
印　　张　16.5　插页5
字　　数　325 000
版　　次　2025年10月第1版　2025年10月第1次印刷
书　　号　ISBN 978-7-5326-6276-0/K·1273
定　　价　128.00元

本书如有质量问题，请与承印厂联系。电话：025-57928005

《江南风俗图录（1840—1949）》（全十卷）

“十四五”国家重点出版物出版规划项目、国家出版基金资助项目《江南风俗图录（1840—1949）》（全十卷）立足近代风俗史与图像史研究的交叉领域，系统梳理百年间江南民间生活形态、民间文化传承及社会变迁轨迹，通过动态视角深入研究最普通、最普遍的民间日常生活的历史演进。作者仲富兰教授整合数十年积累和研究的图像史料，以图史互证为方法论，辅以大量民间竹枝词等风土纪事文献，全景式记录了近代中国社会生活的转型历程与多元民俗风貌，生动再现了市井生活的烟火气息。全书按风味饮食、服饰冠履、民居建筑、行旅交通、生产商贸、文教卫生、娱艺体育、人生礼仪、岁时乡情、生活信仰等主题分卷编纂。

全书辑录3 200余幅珍贵老照片、民俗画作等历史影像，以图像叙事为经，以风俗流变为纬，构建起一部立体化、可视化的江南民俗图谱。这些泛黄的影像既凝固了百年市井生活的瞬间，又以细腻笔触还原传统节庆场景，使读者得以直观把握江南地区岁时习俗、衣食住行、婚丧嫁娶等民俗的演化轨迹，较之纯文字叙事更具现场感染力。编纂体例上独创性地穿插历代江南竹枝词，实现朗朗上口的诗词文本与风俗史事互为映照。譬如以“妾在船头偷看郎，郎骑白马好风光”的竹枝词解读江南婚俗，既赋予学术论述以诗意美感，又通过民间话语补足了历史细节，使宏大叙事浸润日常肌理，彰显日常生活的本真状态。

从学术层面看，《江南风俗图录》突破了传统风俗史研究单一的文字叙述模式，开创了“图像+文献+文学”多元互证的研究范式，为我国地域民俗文化研究提供了新的方法，堪称融民俗文化、社会史、视觉文化研究于一体的江南民俗文化图谱，兼具学术开拓性与出版稀缺性价值。无论学术研究者、文化从业者或普通读者，都能从中领略江南千年文脉的深厚底蕴与独特审美。

《江南风俗图录 · 第 1 卷 · 饭稻羹鱼》

《江南风俗图录 · 第 2 卷 · 衣香鬓影》

《江南风俗图录 · 第 3 卷 · 深巷低窗》

《江南风俗图录 · 第 4 卷 · 车动马喧》

《江南风俗图录 · 第 5 卷 · 市井食货》

《江南风俗图录 · 第 6 卷 · 春生弦诵》

《江南风俗图录 · 第 7 卷 · 闲暇趣玩》

《江南风俗图录 · 第 8 卷 · 礼敬人生》

《江南风俗图录 · 第 9 卷 · 岁时乡愁》

《江南风俗图录 · 第10卷 · 春祈秋报》